南奥州の戦国時代

伊達・芦名・白川・相馬氏の激闘と領国支配

小林清治

戎光祥出版

はじめに

本書は、十五世紀後半から十六世紀末まで、とりわけ十六世紀の福島県地方を対象としている。戦国時代は全国的に小は一郡程度から大は数か国を領する戦国大名《せんごくだいみょう》が、それぞれに最高の権力主体となって領土と領民を支配した時代である。毛利《もうり》・島津《しまづ》・今川《いまがわ》・織田《おだ》・武田《たけだ》・上杉《うえすぎ》そして北条《ほうじょう》などの諸氏がすぐに思い浮かぶ。

ただし、青森・岩手・宮城・福島の四県に相当する陸奥国《むつのくに》（奥州《おうしゅう》）や、秋田・山形の二県にわたる出羽国《でわのくに》（羽州《うしゅう》）、すなわち奥羽《おうう》では、広大な一国すべてを支配する戦国大名は出現せず、一郡を支配する郡主《ぐんしゅ》ともよばれた諸氏と、数郡を併せ領する雄族とが、ともに大名とよばれるべきものであった。南奥州では、伊達《だて》・芦名《あしな》・岩城《いわき》・相馬《そうま》・白川《しらかわ》・須賀川《すかがわ》二階堂《にかいどう》・二本松畠山《にほんまつはたけやま》などの諸氏がそれである。

十五世紀後期の応仁《おうにん》・文明《ぶんめい》の乱《らん》以後、室町幕府《むろまちばくふ》の権力と朝廷《ちょうてい》の権威はともに衰退した。のちに天下取りの競合と、天下びと信長《のぶなが》・秀吉《ひでよし》の権力強化に利用されるなかで朝廷の権威は急速に高められたが、一般に戦国時代の朝廷は諸大名の位官叙任権《いかんじょにんけん》によってわずかに権威を保ち、幕府はその推挙権（取りつぎ）を通じて辛うじて力をつないだ。権力の主体が中央から地方へと移った十六世紀、戦国時代は、まさに地方の時代であり、地方の世紀であった。

その立役者ともいうべき戦国大名を支えたのは、大名のもとに集った家臣団である。かれらは、江戸時代の大名家臣が主君からの俸禄《ほうろく》にもっぱら頼る臣従の関係にあったのに反して、一か村から数か村、あるいはそれ以上の自分の本領を持つ在地領主《ざいちりょうしゅ》で、その本領《ほんりょう》の確保を保障してくれる強力な主君のもとに結集したのである。このように、戦国大名の権力は家臣＝在地領主との主従制によって築かれたが、かれら在地領主層は、百姓たちの村落結合と階級的緊張を保ちながらもそれに支えられていた。戦国時代の特徴とされるあいつぐ合戦も、大名自身の領土欲ばかりでなく、在地領主の領地あるいは村落の境界紛争などに起因することがあった。戦国時代は地方の時代であり、さらには地域の時代であった。

さて、第一部「戦国の始まりと群雄」では南奥州の戦国時代の開始の事情にふれ、諸大名の歴史と動きを紹介する。白川の衰退傾向と伊達・芦名両氏の発展の動きのなかで戦国が始まり展開してゆく。

第二部「武士と百姓」では、戦国大名の領土支配、法、家臣団などを伊達氏の例によって説き、在地領主（地頭《じとう》）の百姓支配、年貢諸税などにふれる。法には、在地領主層の根強い自力救済《じりききゅうさい》の傾向と、これを「私《わたくし》の成敗《せいばい》」として禁止しようとする大名権力の志向とが示され、また百姓が負担する諸税には濃厚な自給経済がうかがわれる。

第三部「戦国の社会」。戦国時代は、町と村が成立する時代である。町は大名城下町、在地領主の館めぐりの町として成立し、実城《みじょう》すなわち本曲輪《ほんぐるわ》などの城館と一体をなす町構《まちがまえ》として、広義の城館を構成した。村もまた、百姓たちの自立結合体として成立した。

第四部「宗教と芸能」。宗教と芸能は本来一体のものとして機能したが、戦国期には芸能の独自性が確立に向かう。寺院の不可侵の聖域性（アジール）も大名権力によって大きく制限される。その諸相をみよう。

第五部「戦国の終幕」。佐竹《さたけ》・芦名連合と伊達政宗《まさむね》との抗争が南奥州戦国の大詰めをなす。天正十七年（一五八九）、伊達政宗の勝利によって統一支配された南奥州は、翌年の奥羽仕置《しおき》によって戦国の完全な終幕を迎える。それは、秀吉の天下支配の完結でもあった。

目次

はじめに　2／戦国時代の南奥州関係図　8／凡例　10

第一部　戦国の始まりと群雄……11

1　白川氏の平和とその崩壊、戦国の始まり　12
2　伊達稙宗が史上初の陸奥国守護職に任じられる　16
3　奥州の戦国争乱の画期となった伊達氏天文の乱　20
4　会津の覇者・芦名盛氏の強大な権力　24
5　海道の古豪・岩城と相馬の激しい対立　28
6　仙道の雄・石川と田村の発展と迫る佐竹　32
7　岩瀬二階堂と安積伊東、二本松畠山　36
8　中人制をもとにした諸大名間の平和維持　40

第二部　武士と百姓……43
1　伊達氏の戦国大名化を示す棟役日記と段銭帳　44
2　「奥州守護法」の性格をもつ分国法・塵芥集　48
3　国質・郷質・妻敵討など特徴的な塵芥集の法　52
4　「伊達晴宗采地下賜録」にみる戦国大名の家臣団　56
5　地頭と百姓の関係にみる領地支配の実態　60
6　白川家の正月、伊達家の正月　64
7　「伊達輝宗日記」にみえる戦国大名の一年　68
第三部　戦国の社会……71
1　城館と町を中心とする戦国城下町への転換　72
2　戦国の村の成長と戦う人びと　76
3　南奥羽各地に作品を残した鍛冶大工　80
4　境界争いの裁決が中人制から大名へ移る　84
5　陸・海ともに盛んになされた交通と物流　88
6　「塔寺八幡宮長帳」にみる飢きん・徳政　92
7　耕作に必要不可欠な堰と水利用　96
第四部　宗教と芸能……99

1　信仰あつき京・熊野・高野山への旅　100
2　次々に南奥羽を来訪する都びと　104
3　茶の湯の流行と画聖・雪村の活躍　108
4　戦国武士が楽しんだ連歌・乱舞・鷹野　112
5　戦国大名権力の確立によって聖域が崩壊　116
6　政略に翻弄された女性と家　120
7　神の祭り、寺の教育、大名・武士の修養と研鑽　124

第五部　政宗の飛躍と戦国の終焉

第五部　政宗の飛躍と戦国の終焉……127
1　独眼龍政宗の緒戦となった小手森と人取橋　128
2　郡山で佐竹氏と激突、三春仕置で田村氏を傘下に　132
3　磐梯山ろくの決戦で芦名を撃退、会津が勢力下に　136
4　無類の筆まめだった政宗の文書と花押　140
5　小田原参陣、秀吉に対する三度の危機　144
6　箭田野一族が叛乱、苦戦した大里城攻め　148
7　白川・石川・田村の所領召し上げに政宗が関与　152
8　秀吉の奥羽仕置により戦国時代が終幕を迎える　156

あとがき　163／参考文献一覧　165／戦国時代の南奥州略年表　170

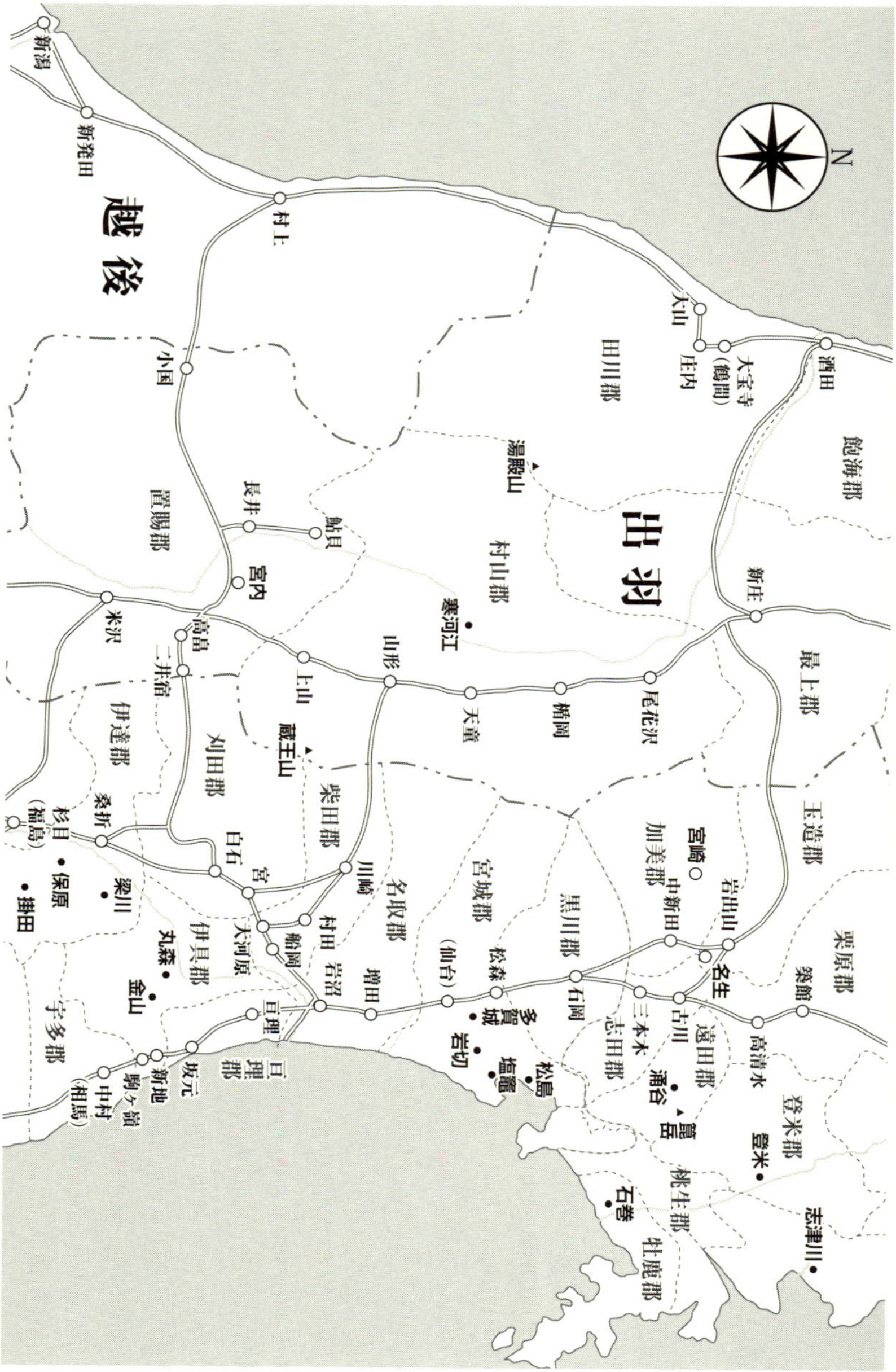
N
越後
出羽
新潟
新発田
村上
大山
庄内
大宝寺（鶴岡）
酒田
田川郡
飽海郡
湯殿山
小国
置賜郡
長井
鮎貝
村山郡
宮内
寒河江
米沢
高畠
二井宿
上山
山形
天童
楯岡
尾花沢
新庄
最上郡
伊達郡
刈田郡
蔵王山
柴田郡
桑折
杉目（福島）
保原
掛田
梁川
白石
宮
川崎
名取郡
宮城郡
黒川郡
加美郡
宮崎
中新田
岩出山
玉造郡
栗原郡
築館
高清水
名生
古川
三本木
遠田郡
志田郡
松森
（仙台）
多賀城
岩切
塩竈
松島
増田
岩沼
船岡
村田
大河原
伊具郡
丸森
金山
宇多郡
亘理
亘理郡
坂元
新地
駒ヶ嶺
中村（相馬）
涌谷
箟岳
登米郡
登米
桃生郡
石巻
牡鹿郡
志津川

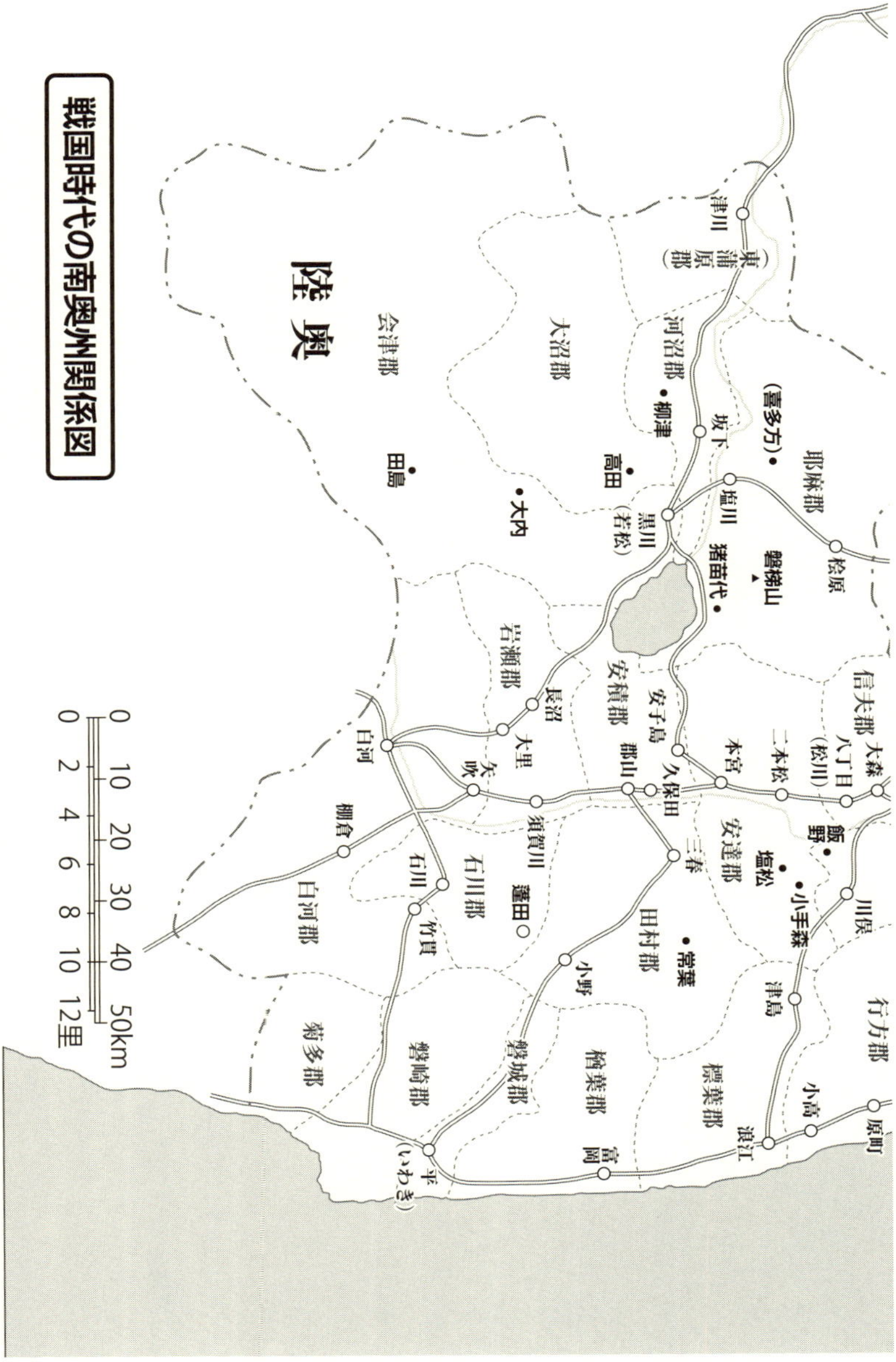

戦国時代の南奥州関係図

凡　例

編集部

一、本書は、著者の小林清治氏が、二〇〇三年に刊行した『戦国の南奥州』（歴史春秋出版）を、改訂・改題のうえ、『南奥州の戦国時代　伊達・芦名・白川・相馬氏の激闘と領国支配』として刊行するものである。

一、編集にあたっては読者の便を考慮し、原本に左記のような訂正を加えた。

①章見出し・小見出しについて追加や訂正を行った。

②誤字・脱字の訂正並びに若干の文章の整理を行い、ふりがなを追加した。

③本文中に掲げた表・図版は、旧版を参考に新たに作成し直した。

④写真は旧版より追加・削除を行った。

⑤冒頭に「戦国時代の南奥州関係図」を、巻末に「戦国時代の南奥州略年表」を新たに掲載した。

⑥一部項目の順番を入れ替えた。

一、本書刊行にあたり、著者の著作権継承者である小林治彦様からは再刊についての御協力を頂いた。また、写真掲載や被写体の特定等にあたっては、掲載の御協力を賜った博物館・教育委員会・関係機関等の御協力なしには不可能であった。併せて感謝の意を捧げたい。

第一部　戦国の始まりと群雄

1　白川氏の平和とその崩壊、戦国の始まり

文明《ぶんめい》十三年（一四八一）暮春《ぼしゅん》の三月二十三日、白河の鹿島《かしま》神社の社頭で、折からの満開の花のもと、白川一家の連歌《れんが》の会が開かれていた。当主白川政朝《まさとも》、隠居の直朝《なおとも》をはじめ、一族の小峰直常《こみねなおつね》以下、重臣たち合わせて二十人が、一座五人の連座《れんざ》の座頭《ざとう》となり、合計一〇〇人の連座の衆が次々と句をつらねていった。

世を照らす　花や御心《みこころ》　神の春

これは政朝の発句《ほっく》である。これに対して父直朝は、

時しるや　鼓《つづみ》にひらく　春の花

と吟じた。文明十三年の三月二十三日は、太陽暦《たいようれき》（グレゴリオ暦）で四月三十日にあたる。白川氏の搦目《からめ》城（福島県白河市）から小峰氏の小峰城（現白河城跡の地。白河市）をめぐる山々は桜花につつまれ、連座の衆は白川のわが世の春をたたえた。

この十年ほど前には、かの宗祇《そうぎ》が白河の関《せき》（白河市）を訪れて百韻《ひゃくいん》を残し、直朝の連歌の会にも参加していた。天下の歌枕《うたまくら》、白河の関を擁する白川氏の連歌にかける想いには、並々ならぬものがあっ

た。

かつて直朝は、関東の宇都宮《うつのみや》氏に保護の手をさしのべ、那須《なす》氏の内争を調停し、常陸《ひたち》（茨城県）の佐竹氏を援助するなど、北関東の一円に勢威をふるっていた。南奥州では岩城《いわき》一族の内争に介入して菊田《きくた》（福島県いわき市）の領主権を獲得し、石川《いしかわ》氏に対しては蒲田《かまた》城（同古殿町）を破却させ、一族蒲田氏の所領と文書を没収した。また、会津《あいづ》芦名（葦名）の当主盛詮《もりのり》の危機を再三にわたり救援した。

上：小峰城跡　福島県白河市　下：宗祇画像
山口県立山口博物館蔵

政朝もまた、相馬高胤《たかたね》の願いをいれて一揆《いっき》契約（同盟）を結んでいる。こののち文明十六年のころには、石川一族の赤坂《あかさか》（福島県鮫川村）・大寺《おおてら》・小高《おだか》（ともに同玉川村）の三氏が、白川一家として、石川の氏と家紋をかえて政朝に従った。これまで石川庄に

結城宗広銅像　福島県白河市・関川寺

属した赤坂は、のちに白河郡さらに東白川郡に属することになる。

あたかも、十五世紀後半の応仁・文明年間、京都では将軍足利《あしかが》義政《よしまさ》の後継をめぐる細川《ほそかわ》・山名《やまな》両氏の争いである応仁・文明の乱が続き、これを契機に諸国では守護代《しゅごだい》・国人《こくじん》（在地領主）の台頭によって守護の支配が動揺し、再編成が進められる。将軍の権威は失墜し、室町幕府は崩壊の方向をたどることになった。関東でも鎌倉御所《かまくらごしょ》（公方《くぼう》）が管領上杉《かんれいうえすぎ》氏と対立したのち古河《こが》（茨城県古河市）に移り、幕府が派遣した堀越公方《ほりごえくぼう》と対立し、上杉氏と抗争を続けていた。

直朝の世に現れた、白川氏の関東から南奥州にわたる圧倒的な優位は、かつて後醍醐天皇《ごだいごてんのう》が「公家《こうか》の宝《たから》」とたたえた家祖結城宗広《ゆうきむねひろ》と、その子親朝《ちかとも》の世に獲得した諸郡の検断職《けんだんしき》（守護の職権）を基礎としながら、とりわけさきにみた十五世紀後期の政治体制の変動のなかでつくりあげられたものであった。

戦国期白川氏略系図

しかし、応仁・文明の乱以来の下剋上《げこくじょう》は、十五世紀の末、さらに激しさを増した。関東では延徳《えんとく》三年（一四九二）、北条早雲《ほうじょうそううん》（伊勢宗瑞《いせそうずい》）が堀越公方を急襲し、小田原《おだわら》（神奈川県小田原市）を本拠として関東制覇の歩をふみだした。その二年後、京都では細川政元《まさもと》が将軍足利義材《よしき》を廃して義高《よしたか》を将軍にすえるという、臣下による将軍廃立が行われた。世は本格的な戦国時代へと突入することになったのである。

上からの公権である郡検断職に支えられた白川氏の勢力は、戦国・下剋上の波に対して意外に弱体であった。

永正《えいしょう》七年（一五一〇）のころ政朝は、一族とはいえ白川氏に疋敵する勢力を保持した小峰氏との抗争のなかで失脚し、その激動によって白川氏の勢威は下降線をたどることになる。同じころ、常陸国依上保《よりがみのほう》（茨城県大子町）を佐竹氏に奪われ、また下野《しもつけ》（栃木県）や相馬での所領も失った。天文《てんぶん》十年（一五四一）、佐竹氏は白川領の高野《たかの》郡（東白川郡）に肉迫し、その後、漸次高野郡は佐竹領に編入されていった。

白川氏の栄光と、その衰退への転換は、十五世紀後半から十六世紀初めのころに現れる南奥州における戦国時代の開始を代表するものとして位置づけることができるように思う。

2 伊達稙宗が史上初の陸奥国守護職に任じられる

大永《だいえい》二年（一五二二）暮の十二月七日、室町幕府は陸奥伊達郡梁川《やながわ》城主の伊達稙宗《たねむね》を陸奥国守護に補任《ぶにん》することを決定し、その旨を伝える文書は翌年閏《うるう》三月のころに稙宗のもとに届けられた。三十四歳の稙宗は、すでに永正十五年（一五一八）に将軍足利義稙《よしたね》の一字を賜って稙宗と名のり、同時に左京大夫《さきょうのだいぶ》に任じられていた。将軍の一字賜与は、他の有力大名と同様に伊達歴代の例である。

鎌倉幕府《かまくらばくふ》以来、陸奥・出羽二国には守護職がおかれなかった。室町幕府は前例のない陸奥国守護に、初めて稙宗を任じたことになる。これを斡旋したのは、早くから伊達氏と関係のあった京都の豪商坂《ばん》東屋富松《どうやとみまつ》氏である。富松のほか、幕府要人からの催促にもかかわらず、稙宗はこの補任を正式に受諾し、足利将軍に御礼を行った形跡がみえない。

当時、陸奥では足利一門の大崎《おおさき》氏が奥州管領《おうしゅうかんれい》の職を世襲していた。元来、奥州管領は陸奥の大名・国人《こくじん》衆に対する軍事指揮権などをもつ職で、諸国の守護職よりはうわてとされていた。稙宗が望んでいたのは実は奥州探題《たんだい》職であった。志田《しだ》・玉造《たまつくり》・加美《かみ》などの諸郡（宮城県）を本拠とする大崎氏は十四世紀末以来、内争に悩み、大崎義兼《よしかね》が娘婿の伊達成宗《しげむね》を頼って梁川に亡命し、またのちにも大崎義直《よしなお》が稙宗に援軍を請うありさまであった。しかし幕府は、まだ大永の時点では大崎を解任するわけにゆかず、陸奥国守護職を新設して稙宗をこれに補任するという方策を採ったものらしい。

　このように奥州探題職は、大崎氏の無力化と、また幕府＝将軍の権威失墜のなかで、もはや奥州支配の実を失っていた。かつて奥羽では大崎氏が独占してきた左京大夫の官も、稙宗がこれに任じられて以後、葛西晴重《かさいはるしげ》（石巻《いしのまき》のち登米《とめ》城主）・大宝寺春氏《だいほうじはるうじ》（庄内《しょうない》）・岩城重隆《いわきしげたか》（岩城平大館城主）・白川晴綱《しらかわはるつな》らが続々と左京大夫に任じられる。室町幕府による稙宗陸奥守護補任の意思決定は、左京大夫の続出

第一型

第二型

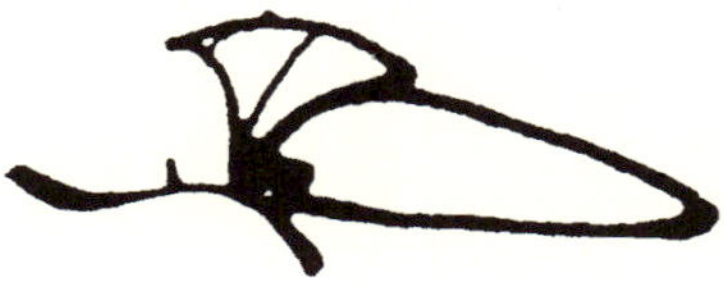

第三型

第四型

第五型

第六型

伊達稙宗の花押（佐藤進一ほか『中世法制史料集』より）

とあわせて、十六世紀の早いころに大崎探題の勢威がおち、室町幕府の奥州支配の秩序が空洞化したことを証明するものといえる。すなわち戦国時代の開始である。

正式にその補任を受けなかったとみられる伊達稙宗は、その実、陸奥守護の権威を利用してその勢力を強化し拡大させた。天文五年（一五三六）に制定した法令集「塵芥集《じんかいしゅう》」では、みずからを守護と称している。天文四年の「棟役日記《むねやくのにっき》」、同七年の「段銭古帳《たんせんこちょう》」の作成も、棟役・段銭が元来、守護の課徴権によったことを考えれば、陸奥国守護補任を念頭に進められたものであろう。それらについては、改めてふれることにして、ここで稙宗が行った子女の入嗣・入嫁についてみよう。

系図にみえる限りでも、稙宗は正室の芦名盛高《あしなもりたか》娘、および女房下館《しもだて》・中館《なかだて》、さらに亘理宗隆《わたりむねたか》娘、その他三人の女房から、十四男・七女あわせて二十一人の子女をもうけた。系図に示すように、そのうち男子二人、女子六人が大名家に入嗣また入嫁した。さらに男子二人が、母の実家である国人亘理家に入嗣した。三男実元《さねもと》が越後《えちご》守護上杉家に入嗣しようとして、実現せずに終わったことは、のちにふれる。

女子[1]（相馬顕胤室、盛胤母）
女子[1]（芦名盛氏室、盛興母）
女子[1]（早世）
晴宗[1]——輝宗——政宗
義宣[1]（大崎氏に入嗣）

成宗―尚宗―稙宗

- 実元[1]（上杉氏に入嗣、果たさず）
- 玄蕃[1]（早世）
- 女子[3]（二階堂輝行室、盛義母）
- 女子[3]（田村隆顕室、清顕母）
- 宗澄[3]（碩斎）
- 女子[3]（家臣懸田俊宗の継室）
- 宗貞[2]（家臣桑折貞長の養子、早世）
- 晴胤[6]（葛西氏に入嗣）
- 宗清[2]（鉄斎。梁川氏祖）
- 宗殖[2]（家臣村田近重の養子）
- 宗栄[7]（極楽院をつぐ）
- 綱宗[4]（亘理宗隆の養子）
- 元宗[4]（綱宗死後をつぐ）
- 康甫[2]（東昌寺住）
- 七郎[5]（早世）
- 女子[5]（相馬義胤室）

戦国期伊達氏系図

1　母は芦名盛高の娘（17 歳で死去）
2　母は中館
3　母は下館
4　母は亘理宗隆の娘
5　母は下之上
6　母は某氏
7　母は某氏

これらのうち、末娘を相馬《そうま》義胤《よしたね》に入れた（のち離縁）のが隠居してのちのことであるほかは、どれも稙宗の四、五十歳代に行われたものである。陸奥国守護の権威のもとに進められた政略結婚によって、伊達氏の勢威はさらに著しく伸長したのであった。

3

奥州の戦国争乱の画期となった伊達氏天文の乱

天文十一年（一五四二）六月、突如、伊達晴宗《はるむね》は父稙宗を桑折西山城《こおりにしやま》（福島県桑折町）に幽閉した。稙宗はまもなく家臣の小梁川宗朝《こやながわむねとも》によって救出されたが、以後、天文十七年秋の和睦まで父子の争いは続き、伊達家中は二手にわかれ、また伊達氏と姻戚関係にある岩城重隆（晴宗夫人の父）・相馬顕《あき》胤《たね》・芦名盛氏《もりうじ》・二階堂輝行《てるゆき》・田村隆顕《たむらたかあき》・懸田俊宗《かけだとしむね》らの大名・国人が、それぞれにこの争いに関与し、父子の争いは中南奥州にわたる争乱へと発展した。天文の乱とよばれるこの争乱が、奥州の戦国争乱への大きな画期ともされる理由である。

争乱のきっかけは、稙宗の三男五郎（実元）が越後守護上杉定実《さだざね》に請われて入嗣することにあった。六月、越後の使節が迎えに来訪して五郎に定実の一字を贈り（これにより実元と名のる）、重代の名刀宇佐美長光《うさみながみつ》と竹に雀の幕紋を贈った（有名な竹に雀の紋は以後、伊達の家紋に用いられることになった）。

実元の越後入嗣強行を図る稙宗・懸田俊宗とこれに反対する晴宗との緊張関係は、ついに破裂するに至ったのである。

天文十五年六月、稙宗は桑折西山城を回復した（西山城は天文元年ころ以来、かつての梁川城（福島

左：伊達家の竹に雀紋　右：上杉家の幕紋

県伊達市）に代わって伊達氏の居城になっていた）。しかし、翌年冬のころに西山城は晴宗方の手に落ち、晴宗方の勝利によって争乱は天文十七年九月に終幕を迎える。

父子和解は、留守《るす》景宗《かげむね》（稙宗の弟、岩切《いわきり》城主）の進言と、稙宗の娘婿相馬顕胤・芦名盛氏・二階堂輝行・田村隆顕および晴宗の岳父岩城重隆の調停によるものであった。伊達家中（家臣）の多くは晴宗を支持した。盛氏・輝行・隆顕ははじめ稙宗を支持したが、のちに晴宗方に転じた。稙宗方の劣勢は決定的となったのである。

この争乱の大きな原因は、稙宗の積極的な軍事・外交行動とあわせて家中支配体制の整備強化にあったとみられる。

すでに早いころ、永正十七年（一五二〇）、稙宗は芦名氏の援助をえて最上《もがみ》氏を攻めた。

翌年には、芦名・最上・葛西・相馬・岩城・留守などの軍勢を率いて出羽国寒河江《さがえ》（山形県寒河江市）を攻めた。大永八年（一五二八）には葛西氏を攻め、天文元年には田村氏を攻め、陣中で年を越した。

翌々年には、芦名・二階堂（須賀川城主）・石川と連合し、岩城・白川

伊達氏の居城・桑折西山城跡全景（遠景）　福島県桑折町　画像提供：桑折町教育委員会

を敵として新城（福島県白河市）に出陣した。子息晴宗と岩城重隆娘との婚姻を強行するため、岩城と白川の縁約を破らせたのである。さらに、天文五年には三〇〇〇騎を率いて大崎領に出兵した。内争に悩む大崎義直の要請によるものである。天文十年には田村義顕《よしあき》・隆顕父子と講和したが、伊達の圧力によって田村が抑えられて両家が同盟したというのが事実であった。稙宗の娘はこのとき、隆顕に嫁したものとみてよい。

このような外征に家臣たちを動員する（軍役強化）その他方で、稙宗は「塵芥集」の制定、棟役日記・段銭帳の作成によって家中・領内に対する法・財政支配を強化した。

稙宗の強引ともいえる積極的な諸政策に、伊達家中の不満が鬱積《うっせき》したことはいうまでもない。父の積極政策に反対であった晴宗は、この不満を組織化したとみられる。のちに政宗《まさむね》も曽祖父稙宗を評して「日ごろ御てあて《（手当）》あし《（悪）》くして、家中ことごとくきうふ《（恐怖）》をもち、御うらみ申す人かぎりなし」と述べたことがある。

父子和睦によって、六十歳の稙宗は隠退して伊具《いぐ》郡丸森《まるもり》（宮城県丸森町）に移り、三十歳の晴宗が家督相続した。桑折西山城は破却され、晴宗は長井《ながい》庄（山形県置賜郡）米沢《よねざわ》（米沢市）に伊達氏の居城を移した。すでに南北朝期十四世紀の九代大膳大夫《だいぜんのだいぶ》政宗以来、伊達氏は長井に勢力を伸ばして領土化を進めていたのである。

丸森に退いた稙宗は、すでに三十代半ばのころ当代文雅の第一人者、三条西実隆《さんじょうにしさねたか》（前内大臣《ないだいじん》）に和歌《わか》の合点《がってん》を受けていた。その風雅の道を極めて、永禄《えいろく》八年（一五六五）、彼は丸森の地で七十八歳の生涯をとじる。稙宗の晩年の花押《かおう》（第六型）は近衛稙家《このえたねいえ》の花押に酷似しており、彼の都と文雅へのあこがれの深さをうかがわせる。

4　会津の覇者・芦名盛氏の強大な権力

南奥州の戦国盛期における芦名盛氏の存在は大きい。盛氏の花押は、白川義親《よしちか》、伊達輝宗《てるむね》・政宗父子の花押に影響を与えた。伊達政宗が盛氏の手跡を習ったという伝えもある。彼の影響のほどがうかがわれよう。

芦名氏はもともと相模《さがみ》の三浦《みうら》一族で、鎌倉期以来会津に所領をもち、南北朝以後は会津守護として勢力を拡大し、金山谷《かなやまだに》の山内氏や南山（南会津郡）の長沼《ながぬま》氏などを脅かしながら、黒川《くろかわ》城（福島県会津若松市）を本拠として会津盆地に君臨した。

しかし、戦国大名への途《みち》はけわしかった。十六世紀初頭の盛高・盛滋《もりしげ》父子の内争、あるいは家臣の叛乱など、あいつぐ苦難をへて芦名氏は、ようやく盛舜《もりきよ》の世に会津領内に対する段銭賦課、国人たちに対する知行安堵などの支配権を確立した。天文八年（一五三九）来の飢きん・疫病の流行を憂える後奈良《ごなら》天皇は宸筆《しんぴつ》の般若心経《はんにゃしんぎょう》を諸国の一宮《いちのみや》に奉納したが、天文九年にその一巻を芦名盛舜が請けている。会津が一国として認められて芦名氏のもとに届けられたのであろう。宸筆の心経は、あるいは伊佐須美《いさすみ》神社（福島県会津美里町）に奉納されたものであろうか。

盛氏（初名盛治《もりはる》）は、盛舜の子として大永元年（一五二一）に生まれた。天文六年に十七歳で芦名の家督を相続し、同年伊達稙宗の娘と結婚した。伊達稙宗・晴宗父子の内争・天文の乱には、初め岳父稙宗を助け、のち義弟晴宗にくみして乱の展開に影響を与えた。天文二十年には、かつて同盟を結んだ田村隆顕と前年来交戦ののち講和し、白川氏と結んで事実上、安積《あさか》郡を掌握した。その間に、山内・猪《い》苗代《なわしろ》などを押さえて会津一円を制圧した。

永禄六年（一五六三）、四十三歳の盛氏はこの年夏から翌年夏ころまでに家督を子息盛興《もりおき》に譲って隠居し、同時に永禄四年以来工事を続ける岩崎《いわがさき》の新城（向《むかい》羽《は》黒《ぐろ》山《やま》城、会津美里町）に移る。

新城の地は岩崎山、当時の今羽黒権現の霊地に当たり、かつ会津盆地の南部から盆地を一望する天嶮である。関

芦名盛氏画像　東京大学史料編纂所蔵模写

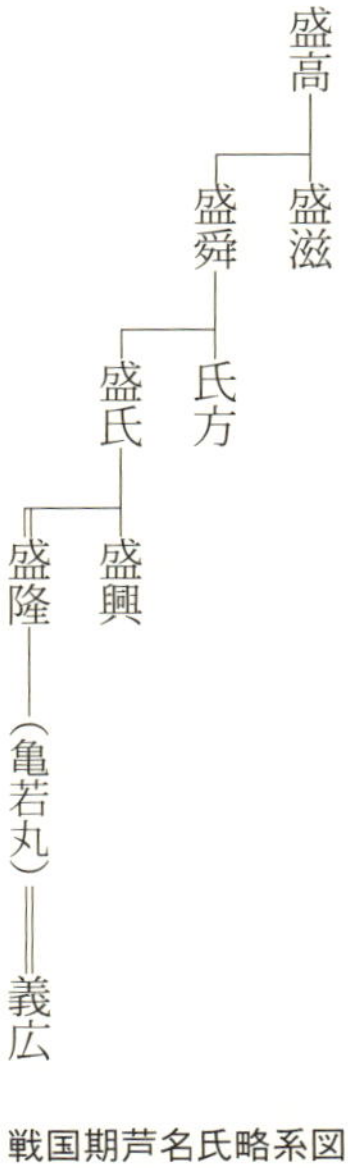

戦国期芦名氏略系図

芦名盛氏の花押と印判

東に向かう下野《しもつけ》道を扼し、北西は高田《たかだ》・坂下《ばんげ》に通じ、鶴沼《つるぬま》川《がわ》・大川《おおかわ》（阿賀川《あががわ》）の水運と陸上の道とによって黒川および盆地北方にも通じるという立地条件にも恵まれていた。本曲輪《ほんぐるわ》は岩崎山の最頂部に設営され、盛氏の居館は三ノ曲輪に営まれた。城の完成は永禄十一年である。ふもとの根《ね》小屋《ごや》と宿町には二〇〇〇余の家が軒をつらね、その岩崎町には秋の馬市が開かれて盛氏の権勢を示し、町の繁昌をもたらした。ちなみに、岩崎山の今羽黒権現は築城にともない北の峯に移され、のちに向羽黒権現とよばれ、山も向羽黒山とよばれるに至った。

盛氏の活躍は隠居後、いよいよ活発となる。永禄六年、北条氏康《ほうじょううじやす》と同盟、同九年には岩瀬《いわせ》郡をめぐって争った伊達輝宗と講和し、輝宗の妹が盛氏の子盛興に嫁した。上杉・武田と友好を保ち、元亀《げんき》三年（一五七二）に那須《なす》と同盟。すでに早く須賀川二階堂盛義《もりよし》は子息盛隆《もりたか》を芦名のもとに人質に出していた。

これらの軍事外交活動は、常陸（茨城県）から南奥州への勢力伸長を続ける佐竹勢力との緊張のなかで行われたものであった。元亀元年ころ、高野郡南郷（東白川郡）で佐竹軍と戦い、〝五百余人を討ち取った。戦ほど面白いものはないが、この戦は座敷に坐って眺めるような戦だ〟と家臣に書き送っている。盛氏の勇猛がうかがわれよう。

ところで、盛氏が止々斎《ししさい》と号したことはよく知られているが、これは隠居、入道しての号ではなく、雅号《がごう》であり、三十歳代はじめころには止々歳を号していた。天寧寺善恕《てんねいじぜんじょ》はじめ臨済僧《りんざいそう》たちと交流し、医学にも関心が深く関東の名医田代三喜斎《たしろさんきさい》から調薬の秘伝を受けた。かの画僧雪村《せっそん》との交流は別にみよう（第四部3）。

天正二年（一五七四）、盛興に先だたれて二階堂盛隆を家督に立てたのちも、外交の実権を掌握する。天正八年、六十歳で死去したが、「止々斎」の印判は盛隆およびその後の亀若丸《かめわかまる》の世まで芦名家の公印として用いられた。

向羽黒山城跡の堀跡　福島県会津美里町

なお、アシナには葦名・蘆名の双方が用いられている。本書では、戦国の文書に多く現れる蘆名を採り、その俗字により芦名を用いることとした。

5　海道の古豪・岩城と相馬の激しい対立

当時、海道《かいどう》とよばれた浜通《はまどお》りの雄は、岩城・相馬の両氏である。岩城氏は常陸大掾《ひたちのだいじょう》・鎮守府将軍《ちんじゅふしょうぐん》平国香《たいらのくにか》の子繁盛《しげもり》を始祖とし、平安後期には岩城地方に下って土着した。そのころに建立された白水《しらみず》阿弥陀堂《あみだどう》（福島県いわき市。国宝）は岩城の文化の高さを象徴している。文治《ぶんじ》五年（一一八九）の奥州合戦以後、岩城郡の好島庄《よしまのしょう》（いわき市）の地頭に任じられ、岩城郡を押さえる一族の岩崎《いわさき》氏とともに、広くいわき地方に勢力を張った。

十五世紀半ばころ隆忠《たかただ》の世に、岩城氏は岩城・岩崎両郡を統一し、白土《しらど》から平《たいら》（いわき市）に居城を移したと伝える。続く親隆《ちかたか》・常隆《つねたか》のころには楢葉《ならは》郡（双葉《ふたば》郡南部）を入手し、佐竹領の常陸国（茨城県）多賀《たが》郡を侵攻した。「御子数、五十人」と伝える下総守《しもうさのかみ》常隆は、各地に子息を配して支配の基盤を固めた。

由隆《ゆきたか》・重隆《しげたか》もまた、白川氏と結んで那須を攻めた。楢葉郡から常陸多賀郡、さらに石川庄（石川郡）の一部を掌握した岩城氏は、由隆・重隆のころに最盛期を迎えた。由隆夫人は佐竹義舜の娘、常隆夫人も常陸の江戸《えど》但馬守《たじまのかみ》の娘である。常陸佐竹・江戸氏らとの同盟関係による結婚であろう。

しかし、重隆を嗣いだ親隆のころから、岩城氏は佐竹の勢力の下に立つようになる。親隆は、重隆の娘久保姫が伊達晴宗に嫁して生んだ長男であった。白川に嫁す途中の姫を晴宗が強奪したという「奥相茶話記《おうそうさわき》」（寛文《かんぶん》七年〈一六六七〉相馬藩士中津朝睡《なかつちょうすい》著）の説もあるが、婚姻を実現させる過程で岩城・白川と伊達・相馬間の戦があったことは事実である。親隆はその婚姻の際の約束に従って、祖父重隆の後を嗣いだのである。

白水阿弥陀堂　福島県いわき市

岩城親隆の花押

さきの親隆（下総守）に似て勇将であったこの親隆（左京大夫）は、ある戦での思わぬ敗北のショックにより、永禄年間（一五五八～七〇）半ばから精神に変調をきたした。重隆が死去した永禄十二年の翌々元亀二年（一五七一）、佐竹義重《よししげ》が岩城に進駐し、岩城領の訴訟の裁決を行う。事実上、岩城氏は佐竹の配下に編入されたのである。

隆忠―親隆（下総守）―常隆（下総守）┬由隆―重隆＝親隆（左京大夫）―常隆（左京大夫）┬政隆（伊達）
　　　　　　　　　　　　　　　　　　└隆時　　　　　　　　　　　　　　　　　　　　　└貞隆

戦国期岩城氏略系図

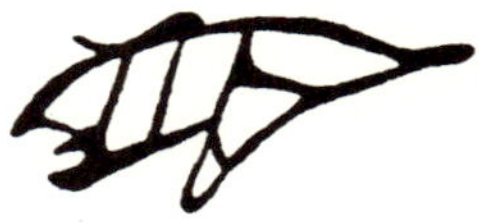

相馬盛胤の花押

戦国期相馬氏略系図

親隆は文禄《ぶんろく》三年（一五九四）まで生存したとされるが、永禄末年から子息常隆の成人する天正十一年（一五八三）ころまでの十数年にわたって岩城家の政務を執ったのは親隆夫人（佐竹義昭《よしあき》の娘）であった。

相馬氏の祖は、伯父の国香を殺害して新皇《しんのう》と称したのち岩城の始祖繁盛らに討たれた平将門《まさかど》である。相馬と岩城は、浅からぬ因縁で結ばれていた。

将門の子孫千葉《ちば》常胤《つねたね》が文治奥州合戦で行方《なめかた》郡（福島県南相馬市・飯舘村）ほかの諸郡を与えられ、次男師常《もろつね》に行方郡を与えた。師常から六代目、鎌倉末期十四世紀初めの重胤《しげたね》の世に下総国相馬郡（茨城・千葉両県のうち）から行方郡に移り、土着した。

十五世紀末のころ十三代盛胤《もりたね》の世には、相馬氏の領域は北は宇多《うだ》郡（福島県相馬市・新地町）、南は標葉《しねは》郡（双葉郡北部）を合わせ、一時代の相馬藩の領域をほぼ押さえることとなる。その子顕胤は伊達稙宗の長女をめとり、天文の乱には懸田俊宗と共に第一の稙宗方として活躍した。

身の丈《たけ》六尺（一八〇センチ）余り八人力で、鉄の軍扇を自由に操る勇将といわれた顕胤は、また文雅にもすぐれ、領民に深い慈愛をかけた。他領を侵略せず、しかも他氏からの相馬領侵害は完全に排除したと伝える。まさに、戦国大名のひとつの理想像を伝えるものといえる。

標葉郡と楢葉郡の境界とりわけ海岸地域は、十五世紀末以来、相馬・岩城両氏が争奪をくり返し、元亀元年（一五七〇）に岩城領に帰した際にも、〝おら浜だ〟〝おらが浜だ〟と争った。のち元禄《げんろく》十三年（一七〇〇）の相馬藩と磐城《いわき》平《たいら》藩の協定により、北を小良浜（福島県大熊町）、南を小良が浜（同富岡町）として境界が決定された。

相馬氏の居城・小高城跡　福島県南相馬市

小高《おだか》城主相馬氏の主敵は、顕胤の子十五代盛胤の世に南の岩城から北の伊達へと転換する。伊達稙宗の末娘をめとった（のち離縁）義胤は、伊達輝宗・政宗父子と伊具・宇多郡で厳しい戦闘をくり返すことになった。相馬と伊達は宿敵関係のまま近世へと縺《もつ》れこんだのである。

6 仙道の雄・石川と田村の発展と迫る佐竹

石川氏は、源満仲《みなもとのみつなか》の曽孫といわれる有光《ありみつ》が十一世紀半ばの前九年《ぜんくねん》合戦に父頼遠《よりとお》と共に源頼義《よりよし》・義家《よしいえ》に従軍し、父討ち死にののち康平《こうへい》六年（一〇六三）のころ石川庄に定住したのに始まると伝える。有光が築いたという泉《いずみ》の三芦《みよし》城（福島県石川町）は、その構えを変えながらも石川惣領《そうりょう》家の居城として戦国末に至った。

平安後期に土着し、石川庄の成立にもかかわったとみられる石川氏は、すでに鎌倉期には石川川《かわ》尻《じり》・石川大寺《おおでら》・石川須釜《すがま》・石川牧《まき》・石川竹貫《たけぬき》・石川沢井《さわい》・石川大島《おおしま》、さらに石川小高《おだか》・石川坂路《さかじ》・石川矢沢《やざわ》などの名字《みょうじ》を名のる一族が石川庄の各地に根をおろしていた。宗家《そうけ》を明確にしながらも、一族分立の情況は石川氏の特徴であり、その様相は十五世紀にも続き、一族一揆という一族の横連合が現れた。困難な途をたどりながらも石川惣領家は戦国大名化を進め、おそくも成光《しげみつ》以来の歴代は足利将軍の一字を拝領し、伊達・相馬・佐竹・岩城から夫人を迎えて勢力拡大に努めた。

永禄十年（一五六七）、石川晴光《はるみつ》は芦名盛氏・田村隆顕の連合軍によって大敗を喫し、石川泉城を陥落され、石川庄の大部分を失った。翌年、晴光はかねて友好下にあった伊達家から晴宗の四男昭光《あきみつ》を娘婿に迎えて家督にすえ、捲土重来《けんどちょうらい》を図った。

元亀二、三年（一五七一、七二）のころには昭光が芦名・田村などの軍を撃退したと伝える。だが、昭光はその後再び泉城を失陥し、天正二年（一五七四）にようやく帰城がかなった。兄の伊達輝宗は、馬を贈ってこれを祝っている。しかし、芦名との緊張の一方で昭光は白川に領土を侵略され、このころから佐竹への従属を深めることが、花押の変化（第二型）にもうかがわれる。天正初年のころ、佐竹勢力は高野郡南郷（福島県棚倉町以南）を入手し、石川氏を従え、やがて白川氏を完全に支配下に入れようとするまでに進出していたのである。

中世の中通《なかどお》り地方は、仙道《せんどう》（山道）とよばれた。石川庄は、海道へ流れる鮫川《さめがわ》流域の古殿町《ふるどのまち》の地域を本来は含んだが、概しては仙道に属するとみてよい。石川とならぶ仙道の雄は、田村氏である。

石川昭光の花押

坂上田村麻呂《さかのうえのたむらまろ》の子孫と伝える田村氏は、実は平姓を称していた。十六世紀初めの永正年間（一五〇四～二一）、義顕の世に三春《みはる》（福島県三春町）に居城を定めた。田村氏の帰依する大元帥明王《たいげんみょうおう》（大元神社）が守山《もりやま》（同郡山市）と三春にあるのによれば、田村氏の本拠はかつて守山地域にあったとみられる。

稙光――晴光＝昭光――義宗

戦国期石川氏略系図

戦国期、天正五年（一五七七）

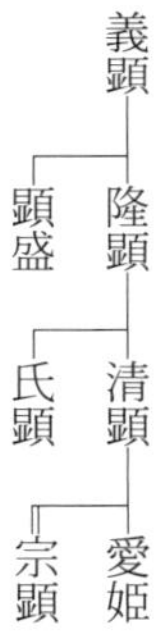

戦国期田村氏略系図

ころまでの田村氏は背後の伊達を頼みに、初めは芦名・岩瀬二階堂と戦い、ついでは石川・佐竹と敵対する形勢をたどった。伊達との間は、天正十年に義顕・隆顕父子が伊達稙宗・晴宗に譲歩的な盟約を結び、天文の乱には隆顕が稙宗方に党したが、以後は概して安定した関係を保った。芦名とは天文六年（一五三七）、隆顕と盛氏が両家の同盟関係を確認したが、同二十年には芦名との数年来の敵対をおさめて安積郡の郡《こおり》山《やま》・小原田《こはらだ》・下飯津島《しもいいづしま》などを芦名に渡し、名倉《なぐら》・荒井《あらい》は芦名を介して二階堂に渡すという講和をした。同時に、人質にとられていた隆顕の次男が返された。二本松畠山・白川両氏の調停による屈辱的な講和であった。

田村清顕の花押

その後も安積郡大槻《おおつき》などをめぐり芦名盛氏と戦をくり返したが、永禄末ころからは芦名と連合して石川を侵攻し、佐竹と戦う形となった。元亀二年（一五七一）には塩松《しおのまつ》（東安達）の大内《おおうち》氏を服属させた。「奥相茶話記」には、隆顕は文武兼備謀略の大将で白河領の半分を入手し、白川・石川両氏を旗下に従えたとあるが、隆顕の世に田村氏が最盛期を迎えたことだけは確かであろう。

天正二年に死去した隆顕を継いだ清顕《きよあき》も勇将であった。しかし、めまぐるしい友好と断交の転変のなかで、佐竹の進出を基調とする四周との緊張は強まっていた。天正七年、清顕は一人娘の愛姫《めごひめ》を政宗に嫁がせ、伊達との同盟による安泰の道をえらぶ。

この年の冬春から米沢に移った愛姫は、再び三春を訪れることなく、天正十八年八月京都に上り、その後江戸に移ったまま、政宗死後の承応《じょうおう》三年（一六五三）に八十六歳で死去した。

愛姫画像　宮城県松島町・瑞巌寺蔵

田村氏の居城・三春城跡遠景　福島県三春町　画像提供：三春町歴史民俗資料館

7　岩瀬二階堂と安積伊東、二本松畠山

須賀川城主二階堂氏は藤原姓、鎌倉幕府政所執事《まんどころしつじ》をつとめた二階堂行政《ゆきまさ》の子孫である。鎌倉期以来、岩瀬郡に地頭職をもち、十五世紀前期のころ鎌倉から下って土着した。

二階堂氏の脅威は会津芦名氏であった。文明十六年（一四八四）の来襲以来、岩瀬郡西方を脅かした芦名氏は、盛氏の時代、天文六年（一五三七）に長沼（福島県須賀川市）の地を掌握した。天文二十年の芦名と田村の講和に二階堂氏が芦名方として深く関与していたことは前項でふれた。永禄五年（一五六二）ころ以来、二階堂盛義は伊達輝宗の援軍のもとに芦名氏と戦ったが、同九年に盛氏と輝宗が講和するに至って二階堂氏は芦名に屈し、盛義の子息盛隆は人質として会津に出された。

二階堂にとって、もう一つの脅威は佐竹氏である。永禄九年以後は芦名の後援のもと佐竹に抗したが、天正元年（一五七三）には白川の佐竹への従属的講和に続いて盛義も佐竹義重に従属した。だが天正二年、芦名盛興の死後、盛隆が芦名家督を継ぐに及び、芦名と二階堂は不離の関係に入った。天正八年の盛氏の死後、盛隆によって芦名と佐竹の友好が確立する。翌年、二階堂盛義が死去し夫人（伊達晴宗長女）が二階堂の当主となったころから、須賀川は佐竹氏の奥州基地の役割を課されるように

なっていった。

安積伊東《あさかいとう》（伊藤）氏は藤原姓、伊豆伊東を本貫の地とし、その一族、祐長《すけなが》の代に安積を名のった。鎌倉期以来、安積郡に地頭職をもったことは確かであるが、その居館の地は明確でない。十五世紀後期には安積郡に会津芦名氏の勢力が伸び、一族分立の傾向が強い安積伊東の諸氏には個別に芦名の支配に属するものが現れた。

十六世紀、安積郡は四隣の大名の草刈場と化した。天文十年（一五四一）、安積伊東氏と田村義顕・隆顕父子は、伊達氏の調停で講和したが、その実は伊達と田村の講和であり、田村方の証文には安積郡内で伊達軍のために攻め取られた地を伊達方に渡すことが約束されていた。伊達氏天文の乱には、田村隆顕が芦名盛氏・伊東の軍と戦った。天文二十年の芦名と田村との講和では郡山ほかが芦名に、名倉・荒井が芦名を介して二階堂に渡された。このとき、芦名は人質の隆顕次男を「安積名跡《みょうせき》」と共に田村方に渡し、「安積名代《みょうだい》」は芦名が立てるという講和条件が加えられていた。安積の家名の権利は田村に渡し、家督設定権は芦名が保持した上で、隆顕次男をこれにすえる、という条件である。安積の家名と家督は、完全に他家に握られていたのである。

続義（晴行）―輝行（照行）―盛義―┬盛隆（芦名）
　　　　　　　　　　　　　　　　└行親

戦国期二階堂氏略系図

天正年間（一五七三〜九二）に入れば、伊東（安積）は伊達麾下《きか》に、郡山・福原《ふくはら》は田村麾下に属し、その他の安積諸氏

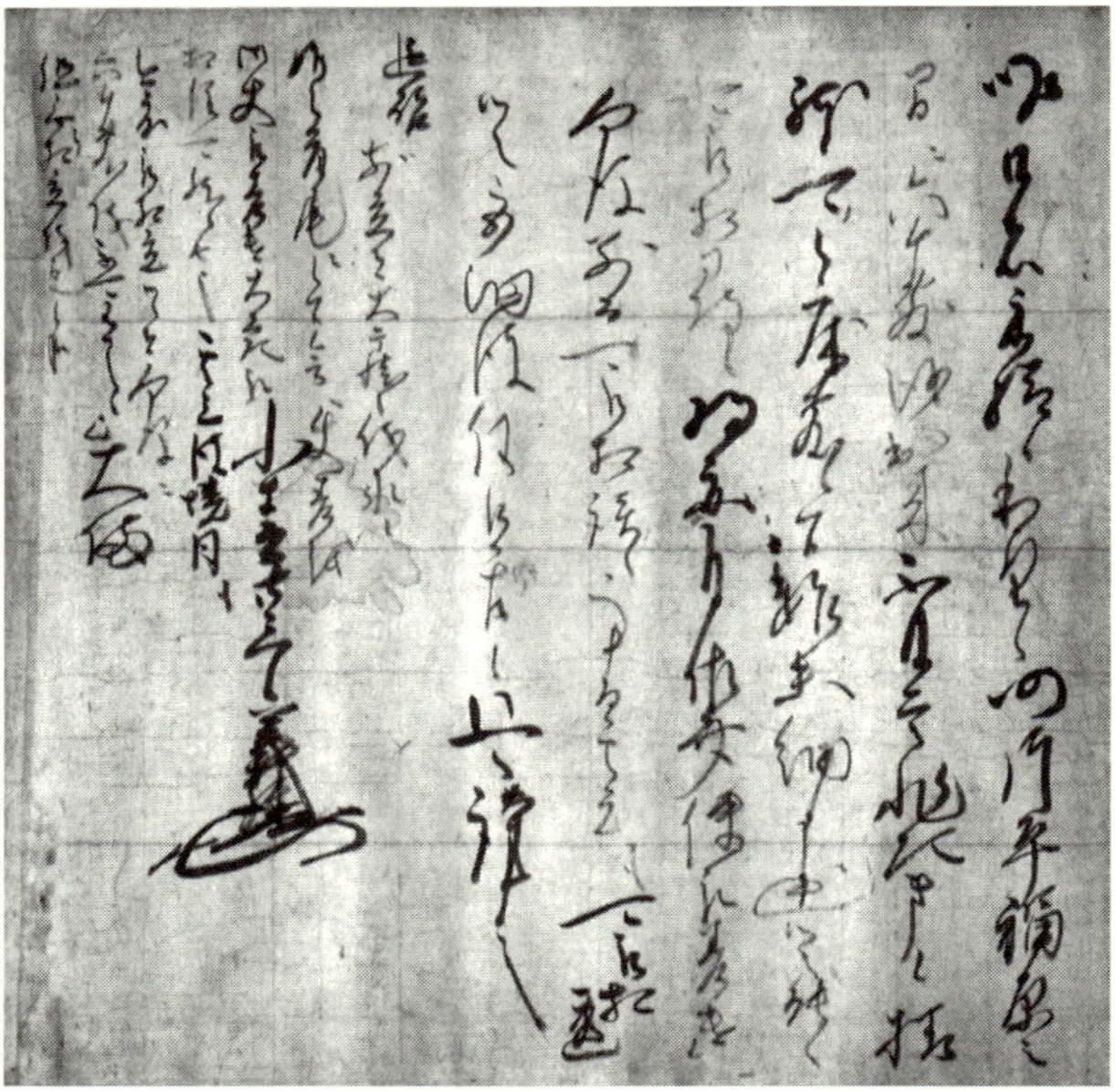

（年未詳）10月23日付け畠山義継書状　二本松家蔵　画像提供：二本松市教育委員会

義氏＝義国―義継―義綱
　　　　　　　　└義孝

戦国期二本松畠山氏略系図

の多くは芦名麾下に属するという形となった。安積伊東氏の独立の領主権は、すでに解体して久しかった。

二本松城主の畠山氏は、南北朝期、十四世紀半ばころ奥州管領として下った畠山国氏《くにうじ》の子孫である。国氏が同じ奥州管領の吉良《きら》貞家《さだいえ》との岩切城合戦（仙台市宮城野区）に敗死後、その子国《くに》詮《あきら》が二本松（福島県二本松市）に移った。

十六世紀初めのころには伊達氏の影響下に入り、天文の乱には畠山義氏《よしうじ》が稙宗方となったのに対して、離反した畠山家臣は晴宗方についた。天文二十年（一五五一）の安積郡をめぐる芦名盛氏と田村隆顕の講和は、白川晴綱と畠山尚国の調停で実現した。尚国はのち足利義輝《よしてる》から一字を与えられ義国《よしくに》と名のる。伊達・芦名・白川・石川などの諸氏も足利将軍の一字を拝領したが、それは歴代将軍の固有の一字であったのに対して、畠山の歴代が与えられたのは足利将軍の通字である「義」の一字であった。奥州管領の家すじである同家の格式の高さがうかがわれる。

しかし、おおむね西安達を領するにすぎない畠山氏の実力には限界があった。義継《よしつぐ》の世には、一時入手した信夫《しのぶ》の八丁目《はっちょうめ》城（福島市）も天正二年（一五七四）に伊達方に奪回され、田村清顕の調停で講和する。今後、伊達方の戦には五十騎の軍役で参陣する、というのが講和の条件であった。

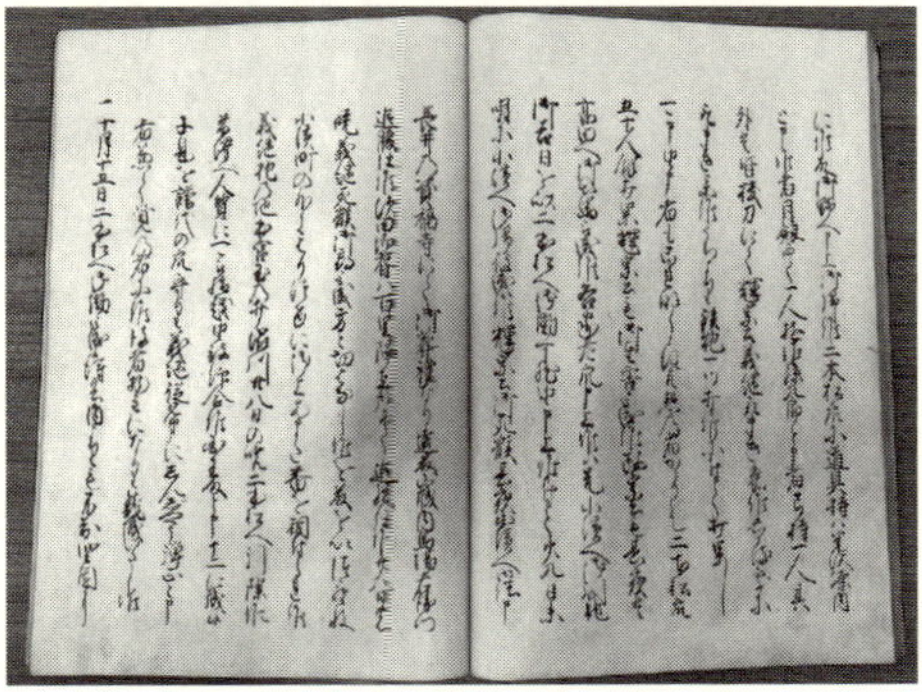

上：伊達輝宗の墓　山形県高畠町・資福寺跡　画像提供：高畠町教育委員会　下：「政宗公御軍記」　伊達輝宗拉致・死去の場面　北海道伊達市教育員会蔵

8 中人制をもとにした諸大名間の平和維持

織田信長が上洛する五年前、永禄六年（一五六三）の室町幕府の記録には当時の全国の群雄が記されている。北条氏康・今川氏真《うじざね》・上杉輝虎《てるとら》・武田晴信《はるのぶ》・織田信長・島津貴久《たかひさ》・毛利元就《もとなり》ら五十三人が「大名在国衆《だいみょうざいこくしゅう》」として記載されているそのなかに、伊達左京大夫晴宗と芦名修理大夫《しゅりのだいぶ》盛重（盛氏の誤り）の名がみえる。相馬盛胤と岩城重隆は「関東衆《かんとうしゅう》」のなかにみえるが、その他の南奥羽の諸氏の名はみえない。奥羽の群雄のうち、米沢城主伊達氏と会津黒川城主芦名氏のみが大名として遇され、南奥羽でこの二氏につぐものは相馬・岩城とされたことになる。

伊達晴宗は永禄二年、大崎に代わって伊達家宿望の奥州探題に任じられた。すでに名目のみの職となっていたが、その権威はなお高かった。晴宗の臣桑折貞長《こおりさだなが》と牧野宗仲《まきのむねなか》も幕府から奥州守護代に任じられ、白の傘袋《かさぶくろ》と毛氈《もうせん》の馬の鞍覆《くらおおい》を許可された。晴宗は礼として鷹と馬、黄金三十両を将軍足利義輝に進上した。このたびの補任も坂東屋富松の斡旋によるものであった。天文の乱後、伊達家中の安定に努めた晴宗は、その後子息輝宗と不和になり、永禄七、八年のころ信夫の杉目《すぎのめ》（杉妻）城（福島市）に隠退し、天正五年（一五七七）にその地で死去する。五十九歳であった。

輝宗が二階堂領をめぐって芦名と対立したのち永禄九年に講和したことは、さきにみた。このとき妹を娘分として芦名盛興に嫁がせた輝宗は、翌年、宮城郡の留守氏に弟政景《まさかげ》を入嗣させ、十一年には政景の弟昭光を石川氏に入れる。同じころ、さらに妹を佐竹義重に嫁がせ、のちには弟盛重を宮城郡の国分《こくぶ》氏に入嗣させた。

家督相続から五年ほど後の元亀元年（一五七〇）、中野宗時《なかのむねとき》とその子牧野宗仲の謀叛にあいながら、よくこれを鎮圧し、諸家との外交を進め、畠山氏を抑え、北は夫人の兄最上義光《もがみよしあき》と戦い、留守・国分の家中を服属させるなど軍事にも活躍できたのは、輝宗自身の能力とあわせて宰臣遠藤基信《えんどうもとのぶ》の補佐によるところが大きい。

南の白川家では、顕頼《あきより》の後、義綱《よしつな》をへて晴綱が天文十一年（一五四二）に左京大夫となり、弘治《こうじ》元年（一五五五）には子息隆綱《たかつな》（義親）の夫人として芦名盛氏の娘をめとっていた。だが、義親の天正二年には佐竹軍に大敗して白河領を席巻され、同六年、佐竹義重の次男曷食丸《かつじきまる》（義広《よしひろ》）が白川家督を相続、赤館《あかだて》（棚倉《たなぐら》）と石川を白川に渡すという条件で講和が成立し、義親は義広の後見の位置に退く。

その後、白川・佐竹連合はようやく芦名・二階堂連合と結ぶようになってゆく。

すでにみたように、天文十年の伊達と田村の講和では、安積と田村の講和を伊達が調停する形が採られた。同年、白川・佐竹の間を岩城が調停した。天文二十年、芦名と田村は畠山・白川の仲介で講和した。天正二年の佐竹と白川の講和は伊達の調停によった。同年の伊達と畠山の講和は田村が仲介した。同六年の佐竹・白川の講和を斡旋したのは、白川の本宗家《ほんそうけ》、常陸の結城晴朝《はるとも》である。停戦・講和は当時のことばで「無事《ぶじ》」とよばれ、「中人《ちゅうにん》」とよぶ仲介者の調停によるのが通例であった。

伊達輝宗は織田・北条・上杉・佐竹などと友好し、芦名盛氏もまた北条・伊達・那須と同盟し、上杉・武田と友好を結んだ。白川晴綱もまた芦名盛氏・江戸忠通《ただみち》と同盟し、北条・那須と友好関係にあった。同盟は相互援助を内容とし、婚姻を含む人質、血判誓紙の交換を例とする。

遠方の大名との友好もさることながら、南奥州から北関東の地域の大名・国人にとっては、この地域が一つの政治的世界であった。かれらの支配領域は鎌倉期以来の郡を範域とし、本領とするのが普通であった。各氏は郡を本領として守りつつ、さらに領土の拡大のために抗争した。本領を尊重し、「故戦《こせん》」(戦をしかけること)を非としながらも、実力次第による戦線を境界と認めるという方向で「無事」は整えられた。合戦と無事をくり返しつつ、戦国の世はこの地方でも巨大権力を生み出してゆくのであるが、戦国期の南奥州にも中人制による諸大名間の平和の秩序のあったことに注目しておきたい。

第二部　武士と百姓

1　伊達氏の戦国大名化を示す棟役日記と段銭帳

荘園制《しょうえんせい》の時代といわれた中世は、一般に京都の貴族・寺社および幕府が最高の領主権を握り、地方の武士たちは現地を支配する地頭領主として徴収した年貢を京都あるいは幕府に送るのがつとめであった。中世後期に及んで、戦国大名がもはや上に領主をいただかぬ最高領主として成立した。領内の武士＝在地領主（地頭）を従え、領内の土地と百姓を最高領主の立場で支配するに至ったのである。

天文四年（一五三五）、伊達稙宗《たねむね》は棟役日記《むねやくのにっき》を作成して領内の百姓を主とする家屋からの徴税高を調査決定し、同七年には段銭帳（「御段銭古帳」）を作成して領内の田畑を調査し、徴税高を決定した。

棟役日記には、伊達領内の郡・庄ごとの棟別銭の集計が記載されている。稙宗の居城桑折西山城《こおりにしやま》のあった伊達郡をはじめとして、信夫《しのぶ》、そして米沢地方の長井《ながい》・屋代《やしろ》、さらに宮城県の刈田《かった》・柴田《しばた》・名取《とり》・伊具《いぐ》の諸郡・庄さらに宇多《うだ》（福島県新地町・相馬市）の一部にわたる伊達氏の領国が示され、棟役の統計は一六四二貫五〇〇文である（永楽銭《えいらくせん》の高、一貫は一〇〇〇文）。宮城県の小規模大名留守氏の場合、百姓家屋敷（「在家《ざいけ》」とよばれた）一軒が二〇〇文に算定された。この基準によれば、伊達領国には八二一二軒半の税負担家屋敷があったことになる。

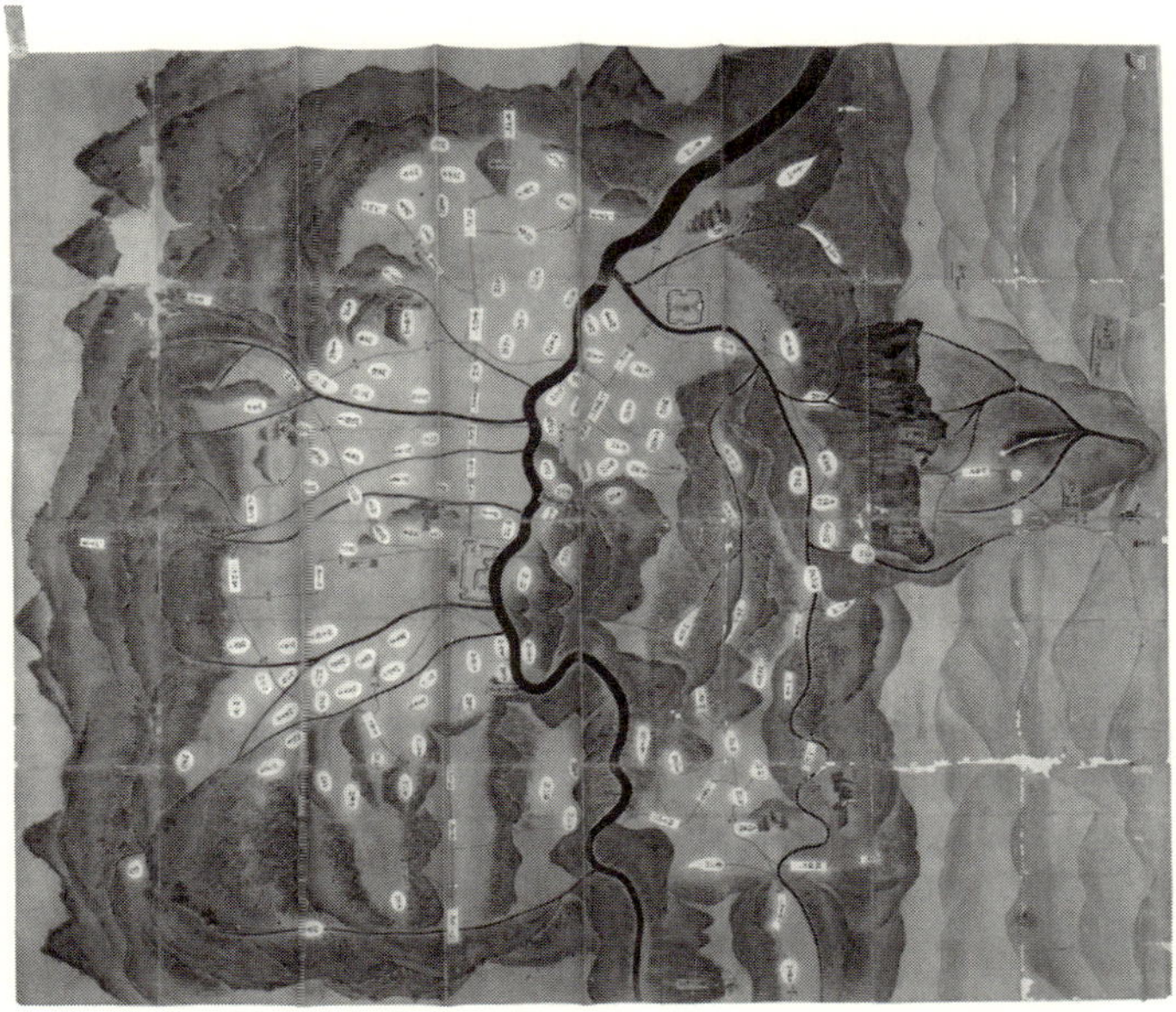

伊達信夫地方絵図　「上杉文書」　米沢市上杉博物館蔵

棟役日記の三年後に作成された段銭帳には、さきの郡・庄のほかに松山庄・高城（ともに宮城県大崎市）、そして草野（福島県飯舘村）などが加わり、伊達領国の拡大を示している。棟役日記が郡・庄ごとに記されたのに対して、段銭帳は郡・庄のうちの郷村ごとに段銭高を記載しており、江戸時代の村々の大半が戦国期には成立していたことが知られる（第三部2）。

福島市にほぼ相当する信夫庄（信夫郡）は信夫大仏《だいぶつ》かた（県庁の地にあった信夫大仏に関係する村か）、御判の所（伊達の直轄地か）、信夫北郷（松川《まつかわ》と摺上川《すりかみがわ》の間の諸村）、信夫名倉かた（森合など主とし

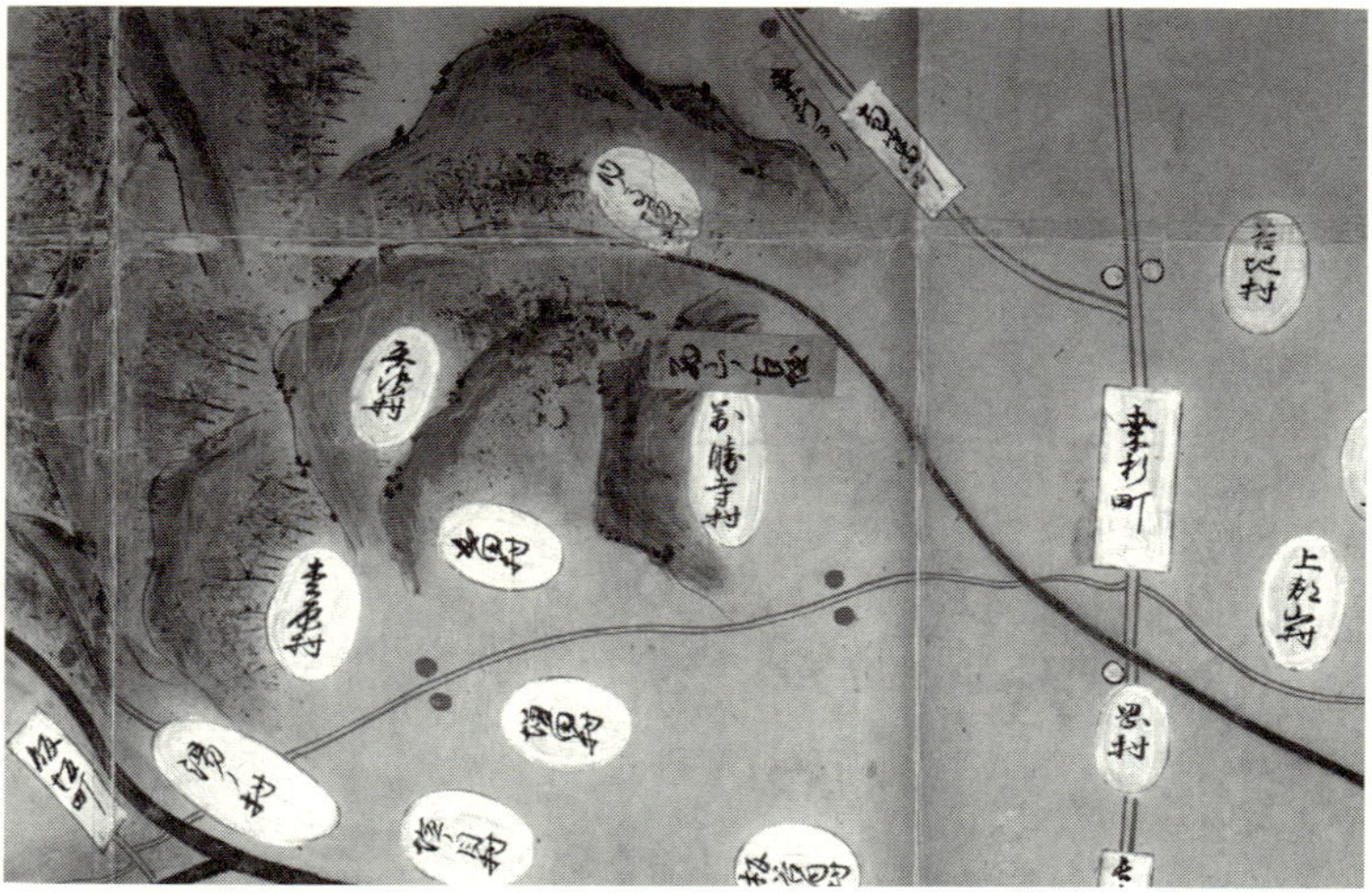

伊達信夫地方絵図に描かれた「西山ノ古城」

て西在の諸村）に分けられており、単純な地域別とは違った区分が残されている。

棟役高・段銭高ともに、長井・屋代の合計が伊達・信夫の合計の約二倍となっている。あるいは伊達・信夫地方には懸田氏の所領の村々が除かれるなど、免税分が多かったためかともみられるが、江戸時代にも伊達・信夫十二万石に対して米沢十八万石と一倍半の優位を占めた米沢地方は、すでに十六世紀前半には財政的に伊達領国の最も重要な地域となっていたのである。天文の乱後に伊達氏が居城を米沢に移した理由の一つは、長井・屋代の経済的な豊かさにあったものとみられる。

伊達領国の内には伊達氏の直轄地もあったが、それとあわせて領国全体を対象とする棟役銭（棟別銭とも）と段銭は伊達氏の重要な財政収入源となった。

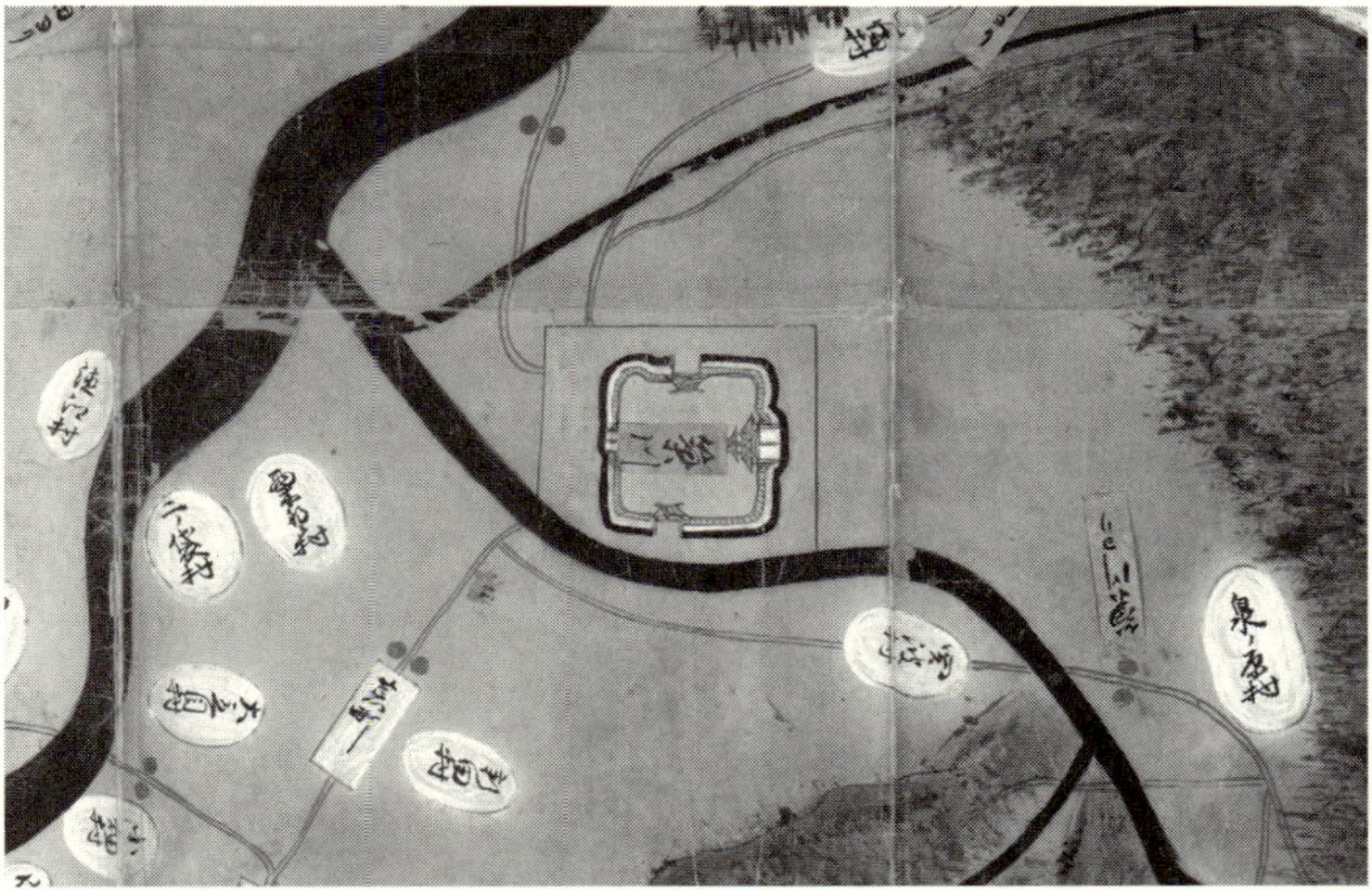

伊達信夫地方絵図に描かれた「梁川」

会津の芦名氏も、三年ごとの棟役と、春・秋の段銭を領内に課していた。おそらく、その他の諸氏でも棟別銭・段銭の賦課が行われたことだろう。

伊達氏は段銭帳の作成に当たって、領国内の地頭層である家臣たちの知行地（所領）を検地によって確定している。領国内の村々の耕地と百姓屋敷を調査し、地頭クラスの知行地を調べ、それらをすべて永楽銭の貫高で把握して、これによって戦の出兵数や城普請の賦課など（あわせて軍役《ぐんやく》とよばれた）が知行貫高を基準にして行われた。貫高制による租税・軍役体系の成立は、戦国大名の確立の目安とすることができる。

田畑をすべて米の石高で統一把握する近世幕藩体制のおおよその前提が、ここに成立したといってよい。

2 「奥州守護法」の性格をもつ分国法・塵芥集

棟役日記・段銭帳の作成と同じころ、天文五年（一五三六）に伊達稙宗は「塵芥集《じんかいしゅう》」とよばれる法典を制定した。「塵芥集」の名は、文字通り塵芥を色々と集めたものという、へりくだった意味合いらしいが、一七一か条にも及ぶこの法典は、今川・武田・朝倉《あさくら》・結城その他の分国法《ぶんこくほう》のなかで最も長大であり、まさにその名にふさわしい。

「伊達氏御成敗式目《ごせいばいしきもく》」ともよばれる「塵芥集」には、鎌倉幕府の「御成敗式目」（貞永式目《じょうえいしきもく》）の形式にならう傾向が強くみられる。「貞永式目」は第一条に神社・祭祀の事を掲げ、全五十一か条の後に評定衆《ひょうじょうしゅう》十二人の連署による起請文《きしょうもん》、すなわち神仏にささげる誓詞《せいし》が載せられ、裁判の公正を誓約している。「塵芥集」もまた第一条に「神社・祭祀の事」を掲げ、全条文の後に十二人の伊達氏重臣の連署による起請文を載せ、その起請の文言は「貞永式目」の引き写しといわれるほどほとんど同じである。

ただし、「塵芥集」の条文と起請文の中間には、「左京大夫稙宗」の署名と花押が書かれている。法制定の主体である稙宗のもとに重臣たちが判の公正を誓約している形である。例えば近江《おうみ》（滋賀県）

の「六角《ろっかく》氏《し》式目《しきもく》」が、重臣らが起草し六角氏の承認をへて制定され、また全六十七か条の過半が六角氏の行為を規制するものとなっているのに比較すれば、「塵芥集」における伊達氏の圧倒的優位は特

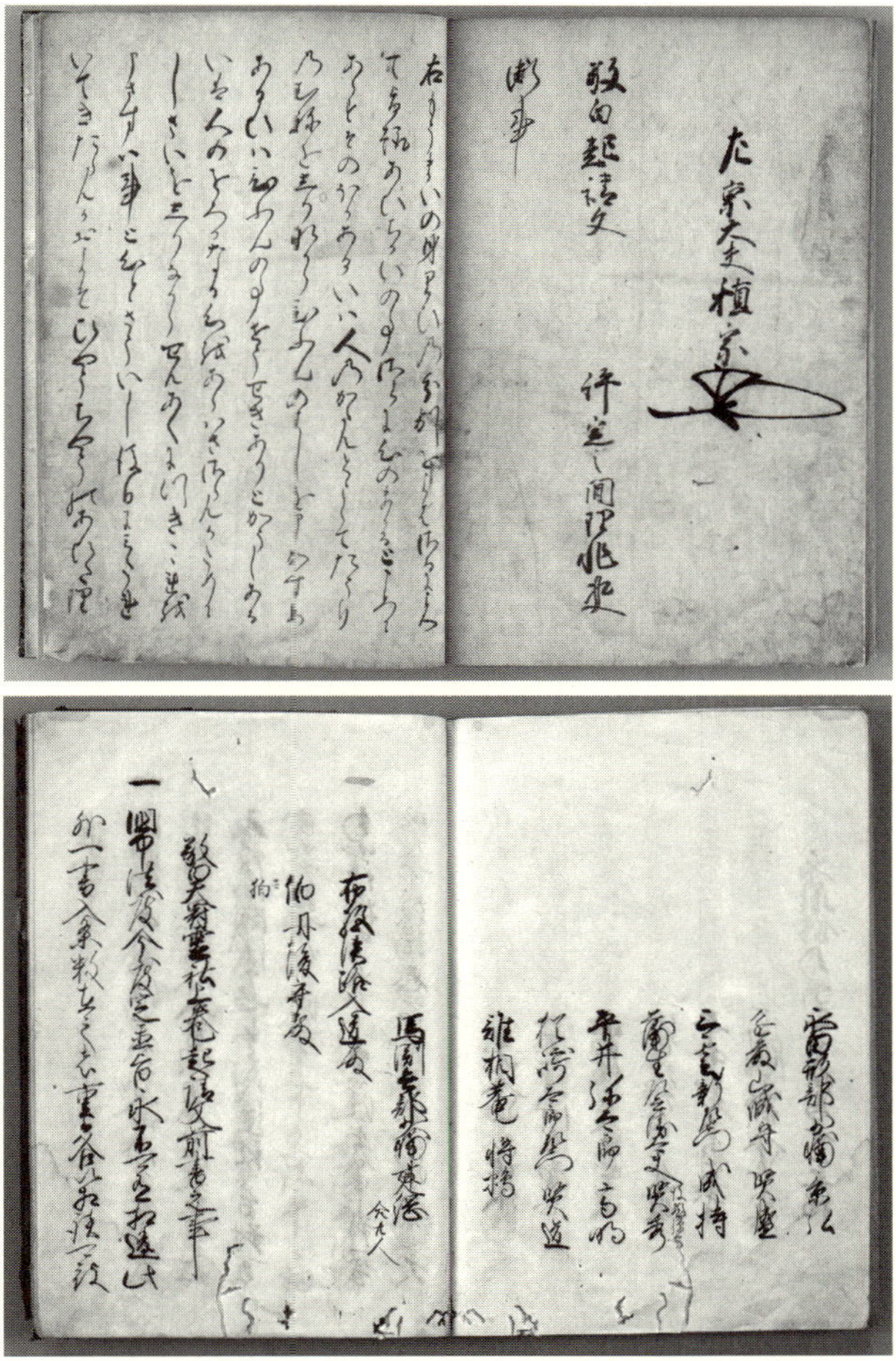

上：「塵芥集」に記された伊達稙宗花押　仙台市博物館蔵　下：「六角氏式目」（部分）　個人蔵　画像提供：滋賀県立安土城考古博物館蔵

徴的であるといえよう。条文のなかに現れる「守護」「守護所」「守護使」などの語をみれば、「塵芥集」が奥州守護法という強い自負のもとに制定されたことも明らかである。

「塵芥集」は、冒頭の社寺法十五か条の次に、第十六条から第七十五条まで刑事関係の法規を配列している。全箇条の三分の一以上の六十か条が刑事法規によって占められることは、分国法の中での「塵芥集」の大きな特色である。中世社会は元来、独立した武士領主地頭たちの実力がぶつかりあう世界であった。稙宗が「塵芥集」とりわけその刑事法規でねらいとしたのは、これら地頭領主の内外の紛争処理を「私成敗」として抑止し、かれらの実力行使権（領主裁判権）を伊達氏の裁判によって集中掌握することであった。

他方、第七十六～八十三条では、地頭と百姓との紛争について、地頭の立場にたって百姓支配の貫徹を図る方針がとられている。伊達氏のもとに地頭層を結集させ、武士階級が一体となって百姓を支配するという法的構図をここにみることができる。

また、「塵芥集」には用水（第八十四～九十二）、売買・貸借（第九十三～一二〇条）、中世の財産の一種であった下人《げにん》（奴隷）の問題（第一四一～一五〇条）、さらに戦国期の経済事情を反映して、市町での売買や質の定め（第一〇九～一二〇、三七～一二九、一七〇条）、細工人《さいくにん》（職人、第一二五、一二六条）などに関する規程もみえる。

なお、伊達氏は「塵芥集」にさきだって天文二年、「蔵方之掟《くらかたのおきて》」と称する質屋法を制定し、「塵芥集」に連署した重臣のうち六人がこれに連署して、坂内八郎右衛門尉という質屋の元締めとみられる人物に与えている。

この掟は全十三条。第一条では、「絹布の類は、見当《けんとう》半分に取るべし」、価格の半分に見積もるとし、約月は十二か月とある。幕府法その他の例のとおりである。これに対して第二条では、「武具・金物の類は見当三分の一に取るべし、十二月《つき》かぎり」、とある。幕府法の武具二十四か月、金物二十か月、また質物はすべて見当二分の一という通例と異なっており、質屋がわに有利な改変である。これが当時の南奥州の現実の反映であるのか、あるいは伊達氏による質屋＝高利貸資本の育成策によるものであるのかは、ただちに明らかでない。利息は絹布は月に五分（五％）、金物は六分である。

第十二条には、営業開始後五年が経過したら蔵役、すなわち質屋税を課するとある。蔵方之掟は、質関係の秩序確定とあわせて、いうまでもなく伊達氏の財政収入をも図るものであった。

3 国質・郷質・妻敵討など特徴的な塵芥集の法

「塵芥集」の特徴的な法をみることにしよう。まず、実力の世界、自力の社会といわれた中世には、訴訟は当事者に証拠提出などの責任をおわせる当事者主義であった。「塵芥集」には、その傾向が強くうかがわれる。例として二か条をあげてみる。

第三十九条「一、人を斬る咎《とが》の事、披露のうへ成敗を待つべきのところに、其《その》儀にをよばず、わたくしに斬り返しすべからず。かくのごとくの輩《ともがら》、たとい至極の理運《りうん》たりとも、法度《はっと》を背《そむ》き候うへ、成敗を加ふべきなり。」

他人から斬りつけられた場合は、伊達氏の守護所に訴えて裁判を待つべきであるのに、それをせず勝手に斬り返した者は処罰となる。この規程は、喧嘩両成敗《けんかりょうせいばい》を主旨とするが、その前提には、傷害を受けたらそのまま守護所に報告せよという趣旨がある。しかも、傷害を受けた証拠を明示するためには、被害者が加害者を守護所に連行することが必要である。現実には無理な要求といわざるをえない。

第三十一条「一、人の方《かた》へ呼ばれ、そのところより帰りの道にて、闇打《やみうち》に討たる、事あらば、以前の呼手《よびて》の役として殺害人《せつがいにん》の支証《しせう》相尋《あいたずね》べき也。」。ここではよんだ人が殺人の被疑者とされ、自身で真犯人を探し出さねば無罪を証明できず、したがって殺人犯とされる。ここでも、自分の無実を自身で証明せねばならぬという厳しい当事者主義がとられている。

濃厚に残る自力傾向の地盤の上に、これを「私成敗」として否定して強行した裁判権の集中が、現実にそぐわぬ無理を生じたのは、やむをえぬこと、あるいは当然のことであった。

伊達稙宗の墓　福島市・陽林寺

「塵芥集」には、後世の人間には理解できにくい規程がみえる。

第一二七条「一、他国の質《しち》を拘《かか》へ候事、その地頭主人へ談合の事は申すにをよばず、守護所へ披露せしめ、これを取るべし。」。

他国人（例えば越後国の人）の債務不履行に対して、伊達領国内にいる任意の他国人（越後国の人だれでも）、またはその財産を差し押さえることが、その地頭・主人と談合し、守護所に報告のうえで可能だったのである。それは、債務不履行のみでなく、殺人・傷害などを受けたときにも解決の処置として日常的に行われた。

国質《くにじち》を対象とするこの箇条に対して、第一二九条は郷質《ごうじち》問題についての法規である。個人対個人の関係が、すぐに個人対国（あ

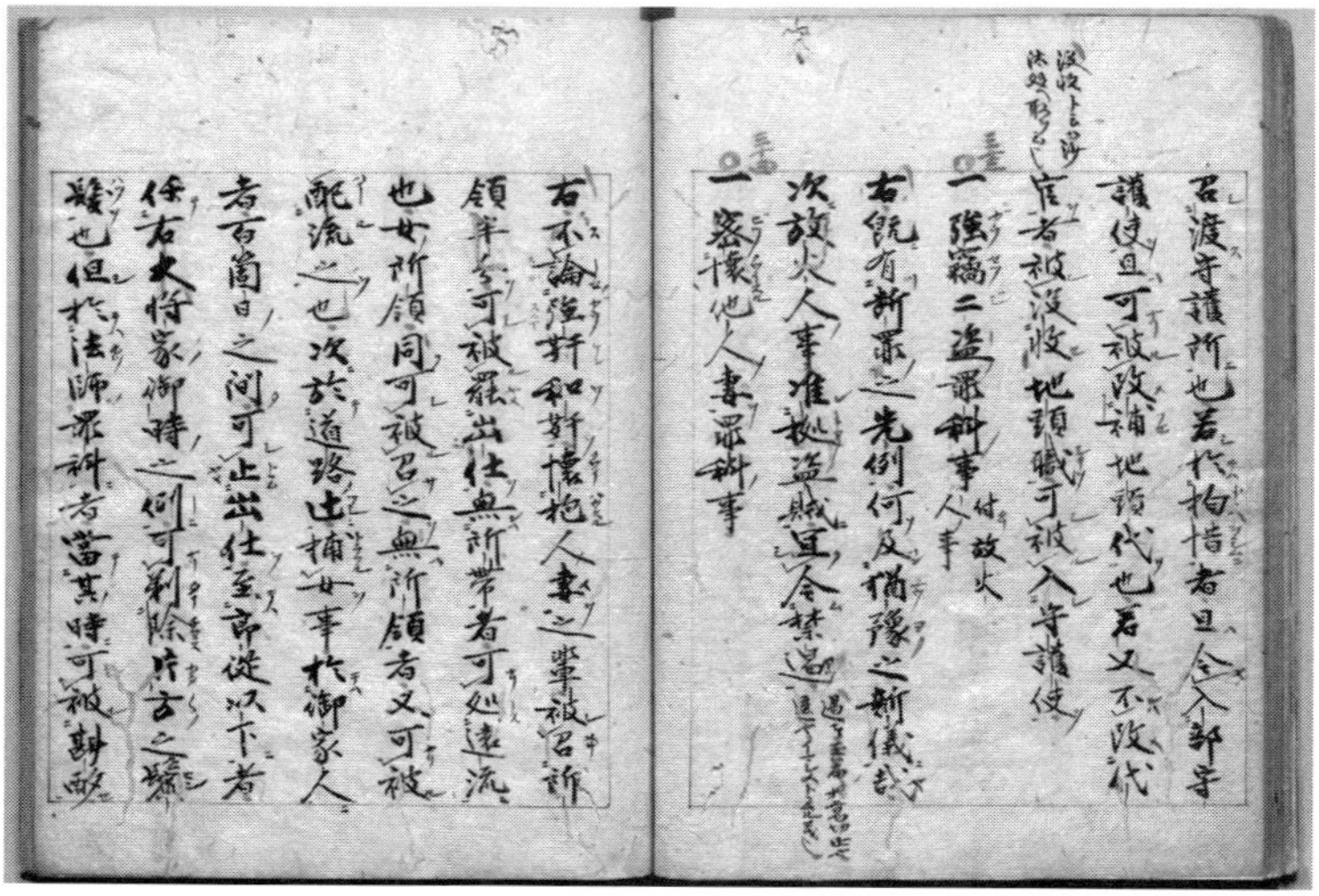

「御成敗式目」（「貞永式目」）34条　姦通罪について規定している　国立公文書館蔵

るいは郷）、国（郷）対国（郷）の問題に転化するという、中世社会における個人と集団との強い一体の意識に注目させられる。

いわゆる不倫、姦通は、中世権力によって厳しく罰せられた。鎌倉幕府の「貞永式目」は、強姦・私姦を問わずこれを犯した者は、所領半分を没収、出仕を罷免し、所領のない場合は遠流《おんる》に処すとし、女も同罪を規定していた。「塵芥集」は、姦通罪そのものではなく、いわゆる妻敵討《めがたきうち》について規程している。

第一六四条「一、密懐《びっくわい》の族《やから》、本《ほん》の夫の方より、生害さするのとき、女を助くる事、法にあらず。たゞし閨《ねや》におゐて討つのとき、女房討ちはづし候はゞ、討手越度有べからざるなり。」。本夫が自宅に通ってくる姦夫を待ち伏せて討つことは本来、社会的に許された慣習であったという。これについて文明十一年（一四七九）の妻敵討に関する室町幕府法は、夫が姦夫を殺害するとき、妻も殺害すれば無罪（妻を殺害せねば本夫も死罪）という裁決を下した。「塵芥集」は、この条文の前段において「女を助くる事法にあらず」として幕府法に従いながらも、特例条項として寝室での現行犯について姦夫を討つときは妻を討ちそこなっても本夫の落度とならぬ、と規定したのである。すなわち、室町幕府法を尊重しつつも、中世の慣習をも採用したのである。

近江の「六角氏式目」は室町幕府法を採用し、土佐の「長宗我部氏掟書《ちょうそかべしおきてがき》」はさらに強く姦夫姦婦成敗を義務づけた。これに対して、「塵芥集」は保守的・伝統的立場を採ったということになる。

※本文の塵芥集条文の掲出は、佐藤進一ほか『日本思想大系・中世政治社会思想』による。

4 「伊達晴宗采地下賜録」にみる戦国大名の家臣団

戦国大名の家臣団は、どのような顔ぶれで構成されたか。一郷村の一部を領する小地頭領主から数郷、数十の郷村を領する有力地頭領主まで、多様な領主が大名のもとに結集していた。その具体的な姿を「伊達晴宗采地下賜録《だてはるむねさいちかしろく》」によってみることにしよう。

父稙宗との天文の乱に勝利した晴宗は、天文二十二年（一五五三）、伊達家中（家臣団）の所持する乱中の領知判物《りょうちはんもつ》（知行地下付《かふ》のお墨付き）を破棄し、新たな花押（第三型）による判物を一斉に交付し、以後これによるべきことを宣言した。その判物の控の台帳三巻のうち二巻が仙台市博物館に現存する。「晴宗采地下賜録」（以下、「下賜録」）とよばれるこの文献は、天文の乱後の論功行賞の台帳でもある。「下賜録」に登載される判物受領者（家臣）は三〇一名、物の数は複数受領者がいて三六六通となる。全三巻の人数は、おそらく四〇〇名に及んだであろう。

第一巻には鮎貝兵庫頭《あゆがいひょうごのかみ》・小梁川尾張守《こやながわおわりのかみ》・大枝左衛門頭《おおえださえもんのかみ》・瀬上中務大輔《せのうえなかつかさのだいぶ》・白石大和守《しろいしやまとのかみ》・田手助三郎《たですけさぶろう》以下が並ぶ。鮎貝氏は下長井鮎貝（山形県白鷹町）を本拠とする有力地頭。晴宗は鮎貝の支援によって米沢地方を確保し、天文の乱に勝利を収めることができたのである。下長井の各地を与えられた。小梁川は十五世紀前期に伊達家より分かれて小梁川（福島県伊達市）を本拠とし、尾張守親宗《ちかむね》は乱中に晴宗方の有力者として活躍した。乱後、親宗の子盛宗《もりむね》が晴宗の娘と結婚してさらに地歩を固めた。小梁川および高畠《たかはた》（山形県高畠町）の館《たて》めぐりの屋敷と町を安堵（公認）され、伊具・屋代・上下長井の各地に加恩を受けている。白石は刈田郡白石（宮城県白石市）を領する有力地頭。瀬上・田手は鎌倉期に成立した伊達の分流である。

「下賜録」にみえる三十九名の人々には「殿」の字が施されているが、これらの諸氏は、「一家」「一族」「外様」の家格の重臣である。

一家、一族の制は、すでに稙宗のころまでに成立していた。それは、伊達宗家《そうけ》との血縁関係とは直接かかわらぬ擬制血縁的な家格となっていた。白石大和守はこの天文二十二年に一族から一家に昇り、遠藤修理亮《しゅりのすけ》もこのとき外様から一族に加えられたのである。「下賜録」で一族の中目《なかのめ》氏は、弘治四年（一五五八）に一家に昇った。

ただし、家格がそのまま実力につながるとは限らない。「外様」の下に位置した譜代（譜第）平士たちは、直臣として伊達家督との親近さでは、むしろ一家・一族・外様にまさるのが普通

第一型

第二型

第三型

伊達晴宗の花押

伊達晴宗　成島庄八幡宮御宝殿上葺棟札赤外線写真　棟札は山形県米沢市・成島八幡宮蔵　画像提供：米沢市上杉博物館

であり、なかには実力で一家・一族に劣らぬものもいた。晴宗政権を担った第一の実力者、中野常陸宗時は、「塵芥集」にも連署した重臣でありながら、譜代直臣であるために「下賜録」では「殿」の敬称をつけられていない。その子牧野宗仲はのちに奥州守護代に任じられ、「下賜録」では、書札すなわち文書の礼式を一族に準ずることを許されていながら、殿を付されていない。譜代あつかいである。

他方、伊達宗家の歴代の実名の通字である「宗」の字を功臣に与える例も、すでに稙宗の世までに始まっていた。「塵芥集」に連署した十二名のうち、金沢宗朝《かなざわむねとも》・伊藤宗良《いとうむねよし》・浜田宗景《はまだむねかげ》・牧野宗興《むねおき》・中野宗時の五人が「宗」の一字を戴いている。拝領した一字は、原則として実名の上の字にあてられた。

このように、伊達宗家の一字（諱字《きじ》）は、一家・一族のみならず譜代の臣にも与えられた。「塵芥集」に連署した十二名の評定衆は、ほとんどが譜代の衆である。家格で優位にたつ一家・一族・外様衆と、宗家との親近性にまさり枢機に参画することの多かった譜代平士とのバランスによって、伊達家中の秩序統制が保持されたのである。

伊達とならぶ奥州の戦国大名芦名氏の家臣団では、有力な一族として猪苗代（猪苗代城主）と金上《かながみ》（津川《つがわ》城主）がおり、四天宿老とよばれる富田《とみた》・佐瀬《させ》・平田《ひらた》・松本《まつもと》が代々芦名家の枢機に参画する実力者であった。

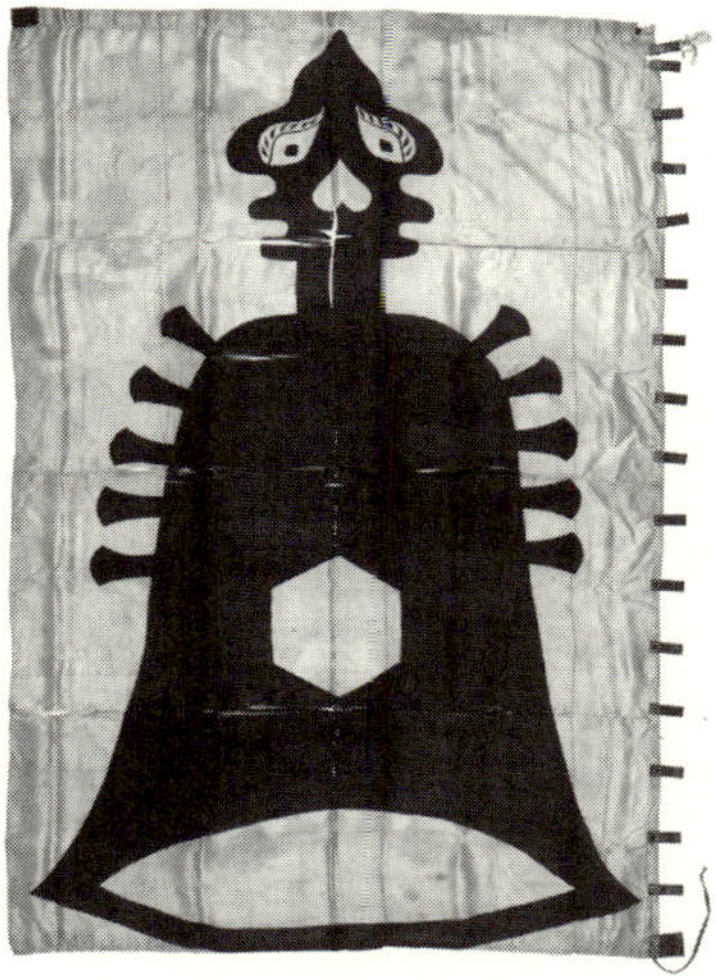
米沢藩士五十嵐家に伝来した白地黒釣鐘紋馬印　五十嵐家は戦国期から伊達氏に仕え始めた　米沢市上杉博物館蔵

十四、五世紀のころ横連合の国人《こくじん》一揆を結んでいた在地領主＝地頭たちは、こうして十六世紀には戦国大名の縦の主従制のもとに組みこまれるようになったのである。これら騎馬侍と併せて弓・槍・鉄砲を持つ徒侍《かち》の重みの増大したことが戦国の特徴である。

5　地頭と百姓の関係にみる領地支配の実態

まず、地頭領主の所領のすがたをみよう。「塵芥集」連署人のひとりであった富塚仲綱《とみつかなかつな》は天文の乱中（一五四二～四八）に戦死したが、「采地下賜録」によって、彼の生前の所領を知ることができる。

仲綱の早くからの本領は伊達森山郷《もりやま》（福島県国見町）である。もう一つの富塚氏の拠点は下長井の洲島《すのしま》（山形県川西町）で、ここにも館を構えたとみられるが、これは十六世紀初めころまでに伊達氏から与えられた加恩の地（恩領）であろう。その他の所領には買得地も含まれていたものとみられる。

森山の富塚氏の居館は、北から南に緩やかに傾斜する森山郷の北部台地に在った。当時、この館をめぐって水濠が設けられ、その水が南方にある森山郷の地の大部分を灌漑したことは、現状からも推測することができる。

森山郷のほとんど全部を知行した仲綱は、その数は定かではないが、この郷でおそらくは十をこえる在家を支配したのである（十六世紀末のころ森山村の家数三十一、そのうち役屋〈家屋税を負担する家〉は十一であった）。さらに仲綱は下長井の要地、洲島にも館を構え、館めぐりの町を支配した。仲綱の所領の重心はむしろ長井地方に移っていたが、桑折西山城が伊達稙宗の居城であり、仲綱はその重臣、宿老クラスであったから、森山館居住が普通となっていたものであろう。

さて、当時の百姓の家屋敷は、畑と田を一括して在家とよばれるのが普通であった。在家は一つの農業経営体であるとともに、地頭領主の領有すなわち年貢収取の単位であり、かつ大名の課税単位でもあった（棟役日記と段銭帳は、「在家」の家屋敷を前者、耕地を後者のそれぞれ対象として分離している）。本来は、のちの小字《こあざ》に当たるものが一つの在家であったといってよい。

在家が地頭に納めた年貢諸役は、どのようなものであったろうか。一例をみよう。文亀三年（一五〇三）、相馬一族の伊与守信胤《いよのかみのぶたね》という地頭領主の所領であった関根在家の諸負担は、次のようなものであった。

一年貢二貫五百文　　一石代八□
一麦石代二斗　　一お十七□
一正月もち一まひ　　一三月代三十五文
一五月三十五文　　一七月七日ひに廿文
一七月ほんりう三はひ　　一つゝき□三はひ
一すミはんへひ　　一薪かた□
一へいかきかや一た　　一きしの鳥はん□

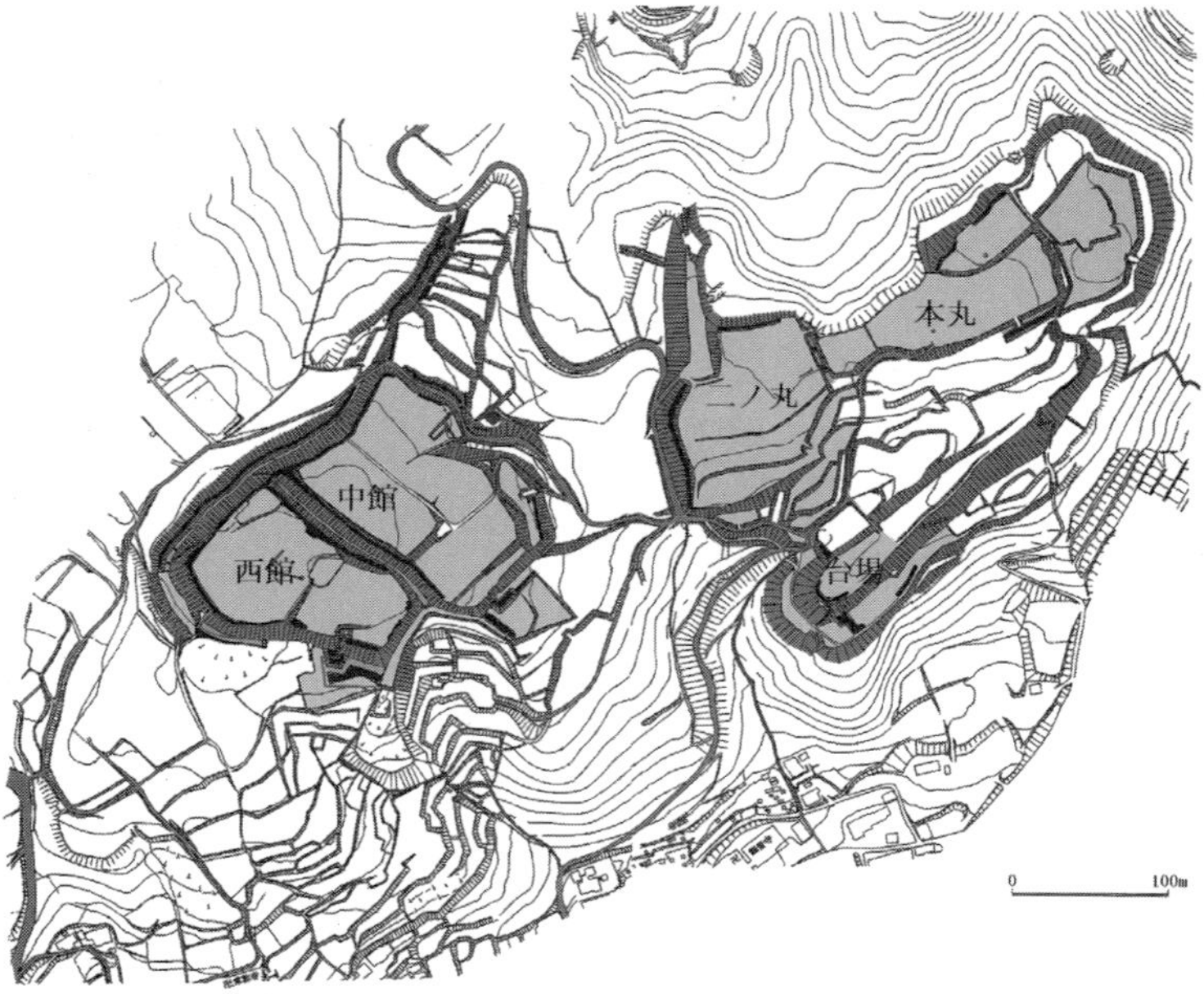

桑折西山城縄張図　画像提供：桑折町教育委員会

一月毎にむま人十五日　一しはす
□三はひ

所々に破損で判読できない部分があるが、関根在家の百姓は、地頭の信胤に対して年貢銭二貫五〇〇文、石代（米年貢）八門（あるいは八斗か）、のほかに、三、五、七月の礼銭、正月もち一枚、薪《たきぎ》、さらに地頭屋敷の屏垣の萱《かや》一駄、その他を一年に負担したのである。このほかに、月ごとに馬・人十五日の労役が記されている。年貢以下の物納にくらべて、月の半分に及ぶ馬をつれての労役はまことに過重である。

当然ながら、百姓はその知行主である地頭に年貢諸役を納入する義務があった。これを怠れば、その田地、在家は召しあげられた（「塵芥集」第七十六条）。

「塵芥集」第八十条は、百姓が自分の在家を退いてほかの地頭領に出作をすることを禁止しているが、第七十七条「百姓、地頭の年貢所当あいつとめず、他領へ罷《まか》り去る事、盗人の罪科たるべし」という規程は、年貢をすますならば移住は可能と理解できる。百姓の移転は、江戸時代ほどには厳しく禁止されてはいなかったとみてよい。ただし、動産の一種である下人（奴隷）の離脱逃亡が、厳しく取り締まられたことはいうまでもない。

同第七十八条は、百姓の年貢、諸税滞納に対し、地頭・惣成敗・守護使が百姓の身がらや財産を質取りにするときは、早く出すこと、もしこれに背き、口論となり、行きがかりで百姓を討ち殺すことがあっても、討たれた者の不運である、と規程する。

江戸時代の百姓と違って、いわゆる兵農分離以前の戦国の百姓は、武士権力に抵抗する力をなお保持していたのである。

6 白川家の正月、伊達家の正月

戦国大名の一年は、どのようにくりひろげられたのか。伝存する永禄五年（一五六二）の「白川氏年中行事《ねんじゅうぎょうじ》」によって、最も代表的な正月についてみよう。

正月一日　麺子《めんす》（めん）の朝めし。汁二つ、小汁に鯉《こい》、煎盤《ぜんばん》（なべ）に雁《がん》。

次の料理は、一汁三菜。

正月の座敷には、絵讃《えさん》は鷹の絵を掛け、花瓶に大きな松を立て、小屏風をたてる。斑目左衛門《まだらめさえもん》・舟田安芸《ふなだあき》が、三献《さんこん》の肴《さかな》、酒の入った瓶子一双《へいし（ふたつ）》ずつをもって参上。垸飯《おうばん》である。

二日　芳賀《はが》左衛門・舟田安芸が三献の肴で瓶子一具を垸飯献上（「一献」とは、吸い物や肴を杯にそえて出し、三杯すすめること）。

三日　芳賀備中《びっちゅう》が五献の肴で瓶子五具を垸飯として献上。

四日　中村将監《なかむらしょうげん》が三献の肴、瓶子一具を献上。和知十郎《わちじゅうろう》の屋敷でもてなし。狩のときは朝飯ばかり。

五日　斑目信濃《しなの》が三献の肴、瓶子一具献上。在郷の臣たちが出仕する。この日から書状を書く。

六日　岩城へ年始状を出す。斑目三郎が三献の肴、瓶子一具を献上。関川寺《かんせんじ》と盛松院《せいしょういん》へ礼に参る。

七日　和知十郎から肴に雄鶏五、瓶子二、三具献上。勢光寺《せいこうじ》・松林寺《しょうりんじ》へ礼に参る。供の衆六、七騎。
十一日　吉書初め《きっしょはじ》。衆中《しゅうちゅう》（親類を除く上級の臣）が参上。お茶のあとで吉書初め。一般に年始の吉書には仏神祈念、豊穣祈願、年貢納入のことが書かれた。その後、肴で酒三献。初献は冷酒、二、三献は燗酒《かんしゅ》。三献目に飯を出す。日光山《にっこうさん》から御師《おし》が来る。
十二日　会津芦名へ年始状を出す。
十三日　世が静かに成れば、親類中、衆中へのもてなしを、以前のように行う。
十六日　年男が帰る。松をかざるなど新年の準備をし、諸儀式にかかわった年男が任を終了し、酒肴を頂き、殿様から祝儀を下されて帰った。正月の終わりである。

佐竹氏の南郷（東白川郡南部）侵攻によって緊張下に明けた白川氏の正月行事であるが、斑目・舟田以下による垸飯献上に注目される。鎌倉・室町幕府では、年頭や慶祝のときに大名が将軍に祝膳すなわち垸飯を献じた。しかし、伊達家などではその形はすでにくずれていたのに対して、白川家では、「三献の肴、瓶子一双」という、まさに祝膳を献ずる形が行われていることに注目したい。

伊達家の天正十七年（一五八九）の正月、米沢城参賀の例をみよう。元日、横尾源左衛門《よこおげんざえもん》が玉一〇〇発と御酒を政宗に献上したのをはじめ、三十五人の衆が参賀した。きじ・いか・たら・ねぶか・こんぶ・あわびなどもみえるが、断然多いのは「玉百、御酒」である。以下、正月末まで続いた参賀

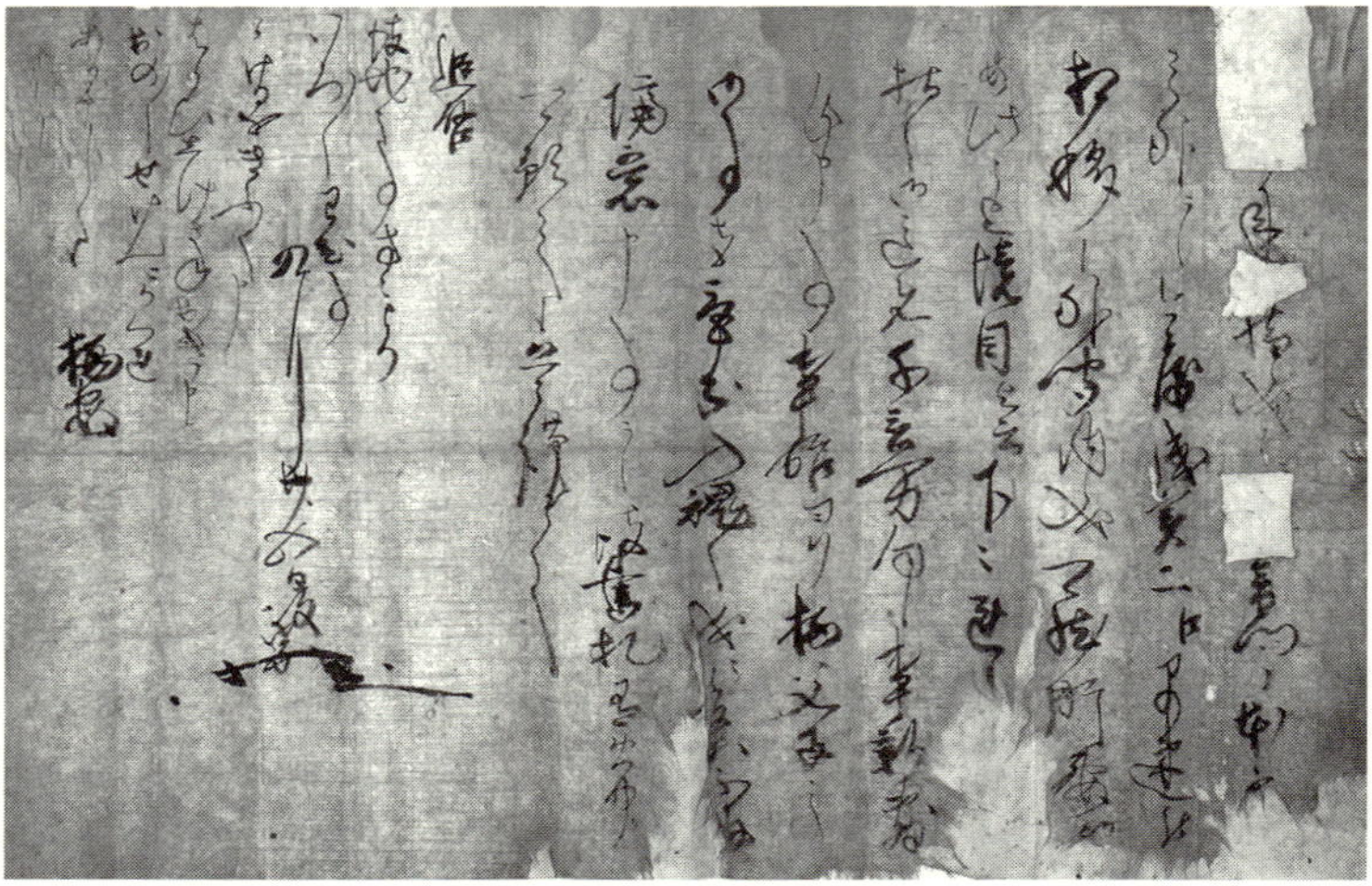
（天正 14 年）9 月 25 日付け栖安（伊達実元）宛て伊達政宗書状　北海道伊達市教育委員会蔵

梁川八幡宮　伊達政宗が初陣の戦勝祈願をするなど、伊達家の尊崇が篤かった　福島県伊達市

の人数は、知行持四四九、徒侍《かち》四二六、計八七五人にのぼる。そのなかには、梁川八幡別当《やながわはちまんべっとう》・龍《りゅう》宝寺《ほうじ》・定禅寺《じょうぜんじ》・真浄院《しんじょういん》、その他伊達氏ゆかりの社寺、さらに米沢大町検断《おおまちけんだん》矢内和泉《やないいずみ》や御町衆がみえる。また、三八〇人をこえる名懸衆《ながけしゅう》が参上した。

名懸衆は十五世紀以来と伝えられる伊達譜代の直臣であるが、日常は農業に従事し、戦時には弓・鉄砲・槍衆として従軍する人々で、多くが伊達郡に居住していた。

天正十二年の暮、伊達輝宗が隠居直後に政宗に与えた「正月仕置之事《しおきのこと》」には、次のような行事がみえる。

元日から三日は年始の規式。二日は買初めと書初め。城下の町へ五十文をやり、米塩あめおこしを買う。三日は野に出る。鷹野初めか。四日、朝風呂に入り、茶のひき初め。七日、七種連歌《ななくされんが》。八日、般若心経を読誦する心経会《しんぎょうえ》。弓射があり、十発十中には褒美が下される。十一日談合始め（政事始め）。十四日、乱舞《らんぶ》始め。能の初めである。十八日、東昌寺《とうしょうじ》による罪過懺悔《さんげ》の懺法《せんぼう》。二十二日から七日間、ごま木を焚《た》いて祈る護摩《ごま》の修法が龍宝寺によって勤められる。

白川家に比べて、権力規模が大きい伊達家では、形式的により整えられた正月行事がみられる。在地領主の正月行事と違って、いずれにあっても百姓の姿は現れない。

7　「伊達輝宗日記」にみえる戦国大名の一年

政宗の父、輝宗については天正二年（一五七四）の日記が遺されている。三十一歳の米沢城主輝宗の一年をみることにしよう。

正月の記事には、前章にみた正月行事はまったくみえない。四日、浅川《あさかわ》（石川郡）での戦のこと。二十二日、会津芦名と田村が須賀川・佐竹を攻めたこと。二十三日、宰臣遠藤基信の屋敷での茶会。二十五日、小梁川盛宗が最上領上の山《かみのやま》（山形県上山市）を攻めた。以上、正月の記事は異常に簡略である。二月以降は、毎日のことが記されている。特記すべき事情のない場合も天気だけは記されている。

輝宗は、戦国大名の例として、とりわけ鷹と鷹狩を好んだ。鷹に関する記事は六十をこえる。鷹屋の建築のこと、鷹屋で能のはやしを徹夜で楽しんだ記事がみえる（十二月八日）。鷹狩には十月に五回、十一月三回、寒期の閏十一月、十二月には一回ずつ鷹野に出ている。七月には川漁に出かけて鵜を使っている。

鷹についで輝宗が愛好したのは能・乱舞である。十をこえる記事がみえ、なかには「内匠《たくみ》（基信）所にて」能・はやしを楽しむ記事がある（六月十七日、七月一日など）。基信は聞こえた能の上手であった。四月四日、米沢の白子《しらこ》明神で勧進能八番が演じられ、七月・十月にも勧進能があった。有料公開能である。士民がともに楽しんだ光景がしのばれる。連歌の記事も数回みえる。能・連歌ともに、輝宗と家臣との融和一体をすすめる手段でもあった。三月二十四日には資福寺《しふくじ》の虎哉宗乙《こさいそういつ》に漢詩を送った。添削を請うたものか。

輝宗が馬を愛したことは、いうまでもない。鷹と共に馬は、信長以下諸大名への無上の贈進物でもあった。十月四~六日の記事では、選ばれた馬を五十疋ほどみている。十月、米沢城下では連日の馬市が開催されていた。輝宗はこの馬市から優先的に良馬を入手していたのである。弓射に関する記事も七、八度ある。双六《すごろく》・将棋《しょうぎ》を楽しんだことも数回みえる。

庚申《かのえさる》の夜に行われる庚申待《こうしんまち》も数回みえる。基信などの屋敷に移って夜をすごしている。白子明神と近郊の成島《なるしま》八幡への参詣の記事もみえる。

日記には、梅・桜など花の様子も記されている。四月六日「花さかり也」。桜満開の天正二年四月六日はグレゴリオ暦の五月六日であった。桜と共に咲いていたが七日に「梅は落花」。九日「桜ちる」。四月十八日の晩には、若衆(近習・小姓)たちと共に泰山木《たいさんぼく》の花を楽しんだ。二十四日「ぼたん開く」。

秋九月二十八日の夜には、霜が降った。九月三十日と十月初めに「大時雨《しぐれ》」がみえる。十一月十二日に大雪が降ったのち、米沢地方も米の季節を迎える。初雪の翌日十三日の夜、花火が行われた。閏十一月には「いえ《（家）》の雪おろし」を三度している。

輝宗が遠藤基信ら家臣の屋敷をしばしば訪問しているのによれば、主要な譜代直臣は、知行地の居館・屋敷とは別に米沢に屋敷を与えられ、むしろ米沢に常住した傾向がうかがわれる。一家・一族・外様の衆で伊達郡に居館をもった大条《おみえだ》（大枝）、石母田《いしもだ》などの諸氏も米沢に屋敷を与えられたらしい。これに対して、亘理元宗《もとむね》・留守政景など親類衆は年に数度米沢を訪れるほかは、亘理郡・宮城郡に常住したのであろう。

天正二年は実は、山形城主最上家の内争をめぐって、義定《よしさだ》を助けた輝宗が、義定の子義光《よしあき》方と戦った年であった。日記には、四月二十二日、長井中に陣触れ（出動命令）、五月七日に輝宗自身が出馬、二十日に先陣小梁川盛宗、二陣伊達宗澄《むねずみ》（晴宗の弟）、六陣は遠藤基信、七陣旗本という備えで鉄砲・槍いく戦さをするなど、戦いを重ねて六月九日米沢に帰陣、七月から九月にかけて再び出陣している。その他、随所に会津・田村、その他諸氏の動静あるいは連絡に関する記事がみえる。四月二十日条に「いつかたの陣へなりとも五十騎つゝのかうりょく《（合力）》」という二本松の畠山義継の講和条件を、輝宗は七月になってようやく承知した（第一部7）。

中小の戦さが時々くりかえされるのが、天正二年の伊達輝宗の日常であった。

第三部　戦国の社会

1　城館と町を中心とする戦国城下町への転換

戦国時代の町は、地頭領主の城や館に近接して、その支配下におかれることが多かった。江戸時代に城下町が大名領にただ一つ、大名居城の地に設置されたのとは様子が違っている。ただし、そのような情況は、十五、六世紀のころに成立したのである。

信夫《しのぶ》郡南部（福島市松川町）には江戸時代、八丁目宿《はっちょうのめしゅく》があり、宿場町とりわけ遊女屋の多い町として奥州街道で指おりの繁昌をみせたことは、井原西鶴《いはらさいかく》の「好色一代男《こうしょくいちだいおとこ》」にもみえる。十六世紀前期のころには伊達稙宗によって八丁目城が築かれて、堀越能登《ほりこしのと》が城主にすえられていた。その後、八丁目城は畠山氏に攻略されて二本松領に編入されたが、天正二年（一五七四）には信夫郡大森《おおもり》城主の伊達実元（晴宗の弟）がこれを奪回して伊達領となり、直接には実元の所領とされた。

八丁目宿にあたる現松川の市街の西南五〇〇メートル余りのところに宿地《しゅくち》とよぶ小字がある。「信《しん》達一統志《たついっとうし》」（天保《てんぽう》十二年〈一八四一〉志田正徳《しだせいとく》著）は、「昔千軒家ありし所にて宿地千軒と云へり」と記している。字《あざ》宿地の北には木戸内《きどうち》という字がみえる。町場の境に木戸つまり門を設けることは江戸時代にも行われたが、とりわけ中世には町の特徴であった。近年の発掘調査により中世の町として全国の研究者から注目された郡山市の荒井猫田《あらいねこた》遺跡では、木戸が発掘されている。

荒井猫田遺跡から出土した木戸跡　福島県郡山市　画像提供：郡山市教育委員会

木戸を示す地名があるという事実は、宿地千軒の伝説をまさしく立証するものといえる。字《あざ》木戸内のあたりに、宿地の町の境界の門があったに違いない。

江戸時代の八丁目宿の代表的な寺社は、真言宗西《しんごんしゅうさい》光寺《こうじ》と菅原《すがわら》神社すなわち天《てん》神社であった。西光寺については八丁目宿の西に本《もと》西光寺という地があり、老木が立っていたという。西光寺は宿地のあたりにあったとみてよい。ちなみに、輝宗の宰臣遠藤基信はこの西光寺住職金伝坊の子であるという。天神社は元亀・天正の戦火に被災して、江戸中期まで町の南の古天神に移されていたという。その摂社《せっしゃ》である日吉神社が宿地に在るのによれば、天神社もまた宿地ゆかりの社であることは明らかであろう。

宿地のすぐ南を境川《さかいがわ》が西から東に流れる。信夫郡

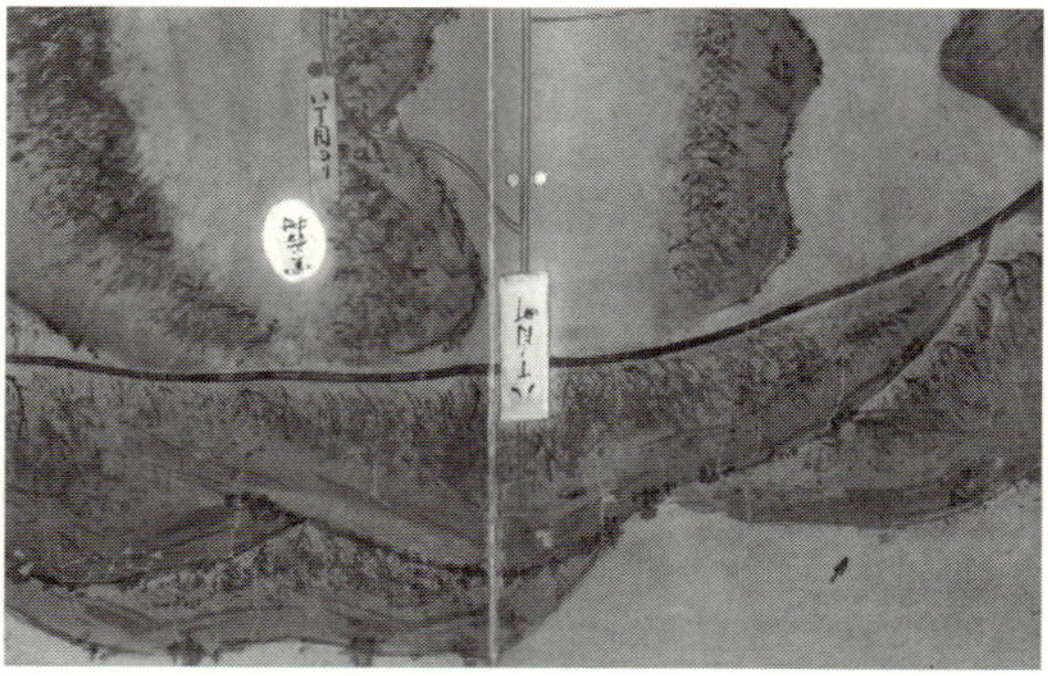

伊達信夫地方絵図に描かれた「八丁ノ目町」「上杉文書」
米沢市上杉博物館蔵

八丁目城跡　福島市

と安達郡の境界をなす川である。中世の宿町は無税の川原や、領主支配の弱い境界地帯に形成されるのが例であった。中世の「宿地千軒」は、安達・信夫両郡界をなす境川のその川原に住みついた人々によってつくられた所であった。二本松方面からの街道は、この宿地を経由して愛岩山（のちの八丁目城）の南で東と西に分かれ、東の道は金沢・古浅川（当時の浅川）、田沢《たざわ》を経由して杉目（杉妻、福島市）を中心とする地域に至り、西の道は市《いち》の沢《さわ》・関屋《せきや》（関谷）・石那坂《いしなざか》をへて杉目へ、または大森・米沢へと向かったのである。

八丁目の町はその後築かれた八丁目城の城下の町として、おそらく天文年間（一五三二～五五）のころに、宿地の町が移されたものであろう。天神社・西光寺などの社寺もまた移された。それは自由な中世の宿町から、いわば戦国の城下町への変換でもあった。八丁目城は天正十二年以後、伊達実元の隠居城となった（同十五年に死去）。

天文二十二年の「伊達晴宗采地下賜録」（第二部4）で湯目《ゆのめ》雅楽允《うたのじょう》は長井庄洲島《すのしま》の館めぐりと町について棟役・段銭などを免除され、鬼庭《（茂庭）》左衛門良直《よしなお》も長井庄河井《かわい》の居屋敷めぐり・町の棟役・段銭などを免除された。およそ地頭領主の所領は、ａ館または居屋敷を中核に、ｂ館（居屋敷）めぐりの家中屋敷、ｃ町人のすむ町屋敷、ｄ百姓が保有する在家田畑、という同心円的な権力構造をとり、その把握の強さはａｂｃｄという序列をなしたとみてよい。

米沢城下の町人は、合戦に際しては鉄砲・弓・槍・馬上の装備で従軍した。町の人々は家臣に準ずる身分であった。米沢城下の大町・南町・柳町などの六町は、伊達氏の国替に従って岩出山《いわでやま》、仙台へと町ぐるみで移転し、「伊達お供の御譜代町」とよばれることになる。

戦国時代の町の多くは、八丁目のように地頭領主の館めぐりの町構《まちがまえ》として、城の総曲輪（総構《そうがまえ》）を構成した。城下町の人々は城主の経済需要にこたえ、軍役を勤め、また伝馬宿送のことにも当たったのである。

2 戦国の村の成長と戦う人びと

戦国時代の百姓が、在家《ざいけ》とよばれる居住・経営形態をとったことはすでにみた（第二部5）。在家の家族構成、あるいは一村にどれほどの在家があったか。村の構成などについてみることにしよう。

天正十七年（一五八九）、伊達政宗が相馬攻めを予定して行った刈田郡から伊達郡にわたる各村の成年男子（十五〜六十歳）の動員調査「野臥《のぶし》の日記」によって、伊達郡大石村（福島県伊達市）の例をとりあげる。「日記」（記録）には、村の在家（小字）ごとに名懸《ながけ》（伊達直属の下士身分の農民〈第二部6〉）、百姓、名子《なご》（隷属農民）、下人《げにん》（奴隷）が記載されている。

これによれば、霊山《りょうぜん》のふもとに位置する大石村には七十四の在家（小字）があり、一八六人の成年男子が住んだ。百姓一一三人に対して、名懸衆は十七人（九％）、名子は十一人（六％）、下人は四十五人（二十四％）で、下人の多いことに注目される。

同じころの調査によれば、大石村の家数一四三軒、うち肝入《きもいり》一軒、軒役《のきやく》（在家役）を負担する家は五十六、免除される家および職人あわせて八十六軒、人数四五九人（内、女二〇五）とある。ここにみえる軒役免除の家は、いわゆる小前《こまえ》百姓および名子であった。このころには、在家は百姓屋敷一軒とは限らず、小前、名子も含めて複数の家により構成されていたが、協業経営を行っていたものであろう。一軒平均人数は三・二人余。軒役負担の家の平均は五人を超えたとみられる。一在家の平均は六・二人である。

大石村では名字《みょうじ》を名のる百姓が多く、名懸衆とともに五十一人にのぼる。このうち菅野二十二、大橋が十三で、菅野・大橋の族団が大石郷（村）の中核をなした。

大石には地頭領主として大石主計《かずえ》と石川某がいた。大石がこの郷の大部分を知行しているのに対して、石川は一部にすぎない。さらに一部が宮城郡岩切城主留守政景の知行となっていた。天正十二年の霊山《りょうぜん》寺《じ》の棟札《むなふだ》には、大石主計助が奉行クラスとしてみえ、大橋の族も大工などにみえている。

大石を名字の地として、

留守政景並びに殉死者画像　岩手県奥州市・大安寺蔵　画像提供：仙台市博物館

代々にわたりこの地に勢力をはった大石氏は、主計の代にも、この郷の中心となる西館に居館を構え、おそらく霊山寺と山王二宮（日枝社《ひえ》）の行事・祭礼にも深くかかわりながら、大石郷の支配を続けたのである。大石は、天正十二年に旧保原《ほばら》城主から伊具郡金山《かねやま》城主に移った中島宗求《なかじまむねもと》の寄子《よりこ》として丸森にも知行を与えられていた。

大石村の百姓たちは大石主計以下の地頭領主に個別に支配され、直接に年貢、諸役を納入したもの

霊山　福島県伊達市

金山城跡の本丸石垣　相馬方の城で伊達氏との間で争奪戦が繰り広げられた。江戸時代には金森要害と呼ばれ、中島氏が明治維新まで領した　宮城県丸森町

郡名	戦国期	江戸期（元禄）
伊達	82	112
信夫	72	91
田村	128	150
安積	30	48

村数の比較

であろう。年貢を村びと集団が請け負うという形はまだ成立していないように推測される。しかし、大石の大部分を領有する主計助に対する年貢は、これを負担する百姓たちが一体となって請け負い、納入したことも考えられる。ともすれば、事実上の村請制《むらうけせい》がここに成立していたことになろう。

天正十二年の伊達領下長井の段銭納入帳によれば、段銭納入者一四〇の多くは伊達家臣であるが、「たか山のおとな中」など郷村の代表による納入例が二十七みられる。二十％とはいえ、段銭納入の地下請《じげうけ》＝村請《むらうけ》が進んでいることが知られる。

荘園制（在地領主制）から幕藩制《ばくはんせい》へではなく、荘園制（在地領主制）から村町制へという視点によって、中世から近世・近代までを見通す転換期として戦国時代を位置づける説がある。東北地方ではこの動きは微弱である。だが、伊達氏による、在地領主を介することのない直接の村の百姓動員調査それ自体もまた、村の団結と自立の高まりと関連するものであったことは明らかである。

なお、諸郡での戦国と江戸（元禄《げんろく》）の村数の比較は表の通りで、江戸期に比べて、低い安積郡で六十二、高い田村郡では八十五％の村が成立していた。

戦国の村は、大石村の名懸衆に準ずる経済力と武装能力を蓄える地主＝地侍を上層として構成された。いざ戦には、村人は領主の城に避難しまた闘うほかに、ときには村の城で自衛することもあったのである。

3　南奥羽各地に作品を残した鍛冶大工

十六世紀末、会津の領主となった豊臣大名蒲生《がもう》氏は、二〇〇石取りの後藤喜右衛門《ごとうきえもん》以下、瓦師・大工・皮屋・鍛冶《かじ》・塗師《ぬし》・瓦師・壁屋・畳屋など一〇〇人ほどの職人を召し抱えていた。南奥州の戦国大名がこれほどの職人を抱えたとは考えられないが、皮屋・鍛冶などに扶持を与えたことは推測される。伊達氏の「塵芥集」では、細工人《さいくにん》（職人）の家屋敷などの売買を規制し保護している。会津藩の鍛冶屋敷村（福島県会津若松市）は、十四世紀後期の芦名直盛《なおもり》の下向に随った鍛冶職人がここに定住したと伝えられている。

この時代の職人のうちとくに鍛冶職人は、寺院の梵鐘《ぼんしょう》・鰐口《わにぐち》などの銘によって知ることができる。まず会津では、高田の法用寺《ほうようじ》（福島県会津美里町）の永正八年（一五一一）の鉄鉢に「早山次郎左衛門《そうやま》」がみえ、永正十四年に芦名盛高を大檀那として鋳造された高田の伊佐須美神社の梵鐘に「大工掃部《かもんの》助兼次《すけかねつぐ》」の名がみえる。これも早山氏であろう。永禄四年（一五六一）、黒川（会津若松市）諏訪神社の鉄燈籠に「大檀那平朝盛氏」と共に「大工藤原早山善次」とある。同七年の関柴《せきしば》（福島県喜多方市）勝福寺《しょうふくじ》の鐘銘に「大旦那平盛興 並《ならびに》 隠居盛氏」と「鋳師大工早山主殿助《とのものすけ》並小工太郎左衛門」がみえる。銘の切り手は刀工古山兼定《ふるやまかねさだ》であった。天正十五年（一五八七）、柳津《やないづ》虚空蔵堂の鰐口に早山彦八《ひこはち》郎定継《ろうさだつぐ》の銘がある。なお、天正九年の東山《ひがしやま》（会津若松市）の羽黒権現《はぐろごんげん》の鉄燭台《てつしょくだい》には「大町雪下政家《おおまちゆきのしたまさいえ》作《さく》」とある。

会津の鍛冶・鋳物師《いもじ》は早山が大きな勢力をもち、鎌倉ゆかりとみられる黒川大町の雪下氏が金工にすぐれた技術を発揮していたのである。

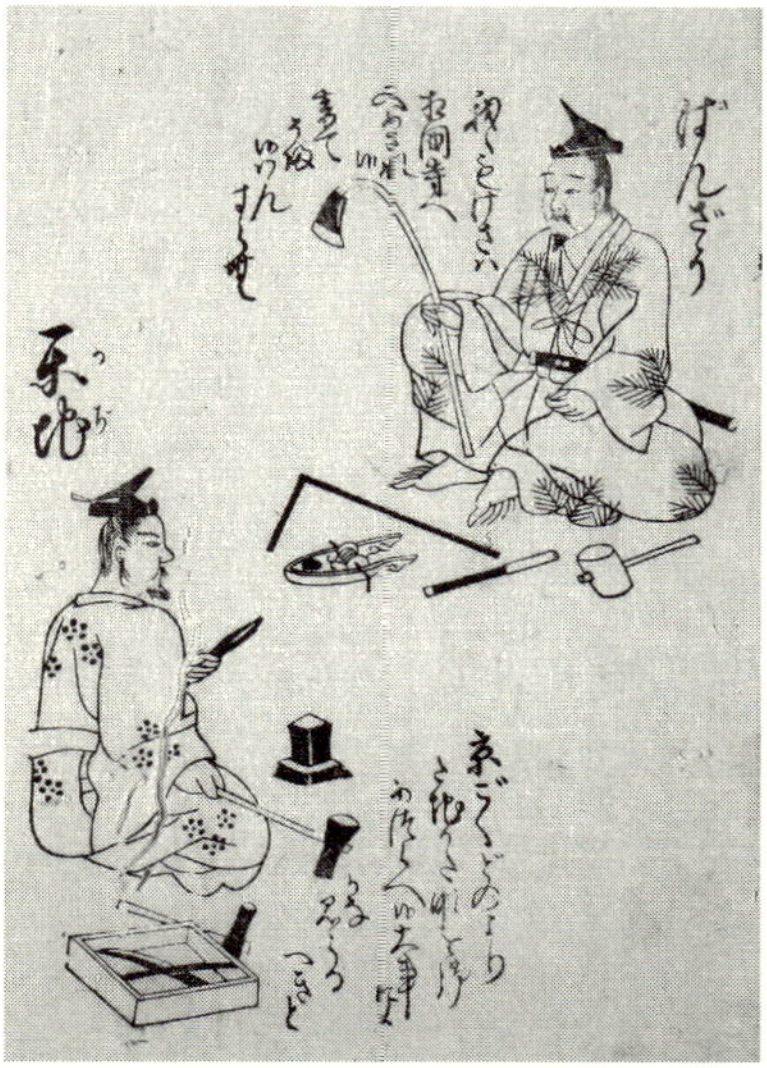
「七十一番職人歌合」に描かれた番匠と鍛冶
早稲田大学図書館蔵

仙道（中通り）では、信夫郡余目《あまるめ》（福島市）千手堂の福徳《ふくとく》三年（一四九一、私年号）の鰐口を安積郡部谷田（日和田《ひわだ》。福島県郡山市）の「大工高久殿守三郎左衛門」が造っている。日和田は早くから鍛冶の町であった。

白川鹿島神社最勝寺《さいしょうじ》（福島県白河市）の鐘（県重要文化財）は、天文十三年（一五四四）、白川義綱・晴綱父子および南・新小菅《にこがや》を大檀那とし、斑目・和知が奉行となり、米村の早山但馬守清次《きよつぐ》が「大工」となって鋳造された。松平定信《まつだいらさだのぶ》の文化財図録「集古十種《しゅうこじっしゅ》」にも収

最勝寺銅鐸　福島県白河市・龍蔵寺蔵　白河市歴史民俗資料館寄託

録された優品である。早山は早くから白河に住し、鎌倉期の東大寺《とうだいじ》再建に際し洪鐘《こうしょう》の鋳造を山に入り早々に成就し、朝廷から早山の氏を与えられたとの伝えをもつ。会津の早山は白河の分流という。のち、仙台藩でも早山が鋳物師として活躍した。

海道（浜通り）では、天文九年（一五四〇）住吉《すみよし》神社（福島県いわき市）の大鐘が岩城重隆を大檀那とし、「大工健田、脇大工蔵助、小工廿余人」で造られている。同二十年には飯野《いいの》八幡宮（いわき市）の鐘が、岩城重隆および鶴千代《つるちよ》（親隆）の命のもとに造られた。鋳工は「対馬守重善《つしまのかみしげよし》」である。豊間（いわき市）の住吉神社の御正躰《みしょうたい》（御神体の懸仏《かけぼとけ》）は永禄九年（一五六六）、岩城家中の志賀《しが》右衛門尉が大檀那となり「大工重吉《しげよし》」が造っている。石川領須釜の都々古別《つつこわけ》神社（福島県棚倉町）の天正九年（一五八一）の鰐口と翌十年の御正体は「岩城大工長山《ながやま》対馬守重吉」が鋳造している。海道には早山の影響は及ばず、岩城の鋳物師長山重吉の他領進出がみられる。

梵鐘の銘に芦名・白川・岩城など諸氏の名がみえたように、社寺興行（すすめ盛んにすること）は中世領主の重要な任務の一つとされた。社寺の造営や修理も当然、大名によってすすめられることが多かった。天文九年の黒川諏訪神社（会津若松市）の造営は、願主は兵衛大夫方茂という人だが、棟札には芦名盛舜《もりきよ》・盛氏父子と十二名の重臣が名を連ねている。焼失した勝福寺観音堂も永禄元年に盛氏・盛興父子により再建された（国重要文化財）。同六年の熊野新宮《くまのしんぐう》と同十年の諏訪神社の屋根ふき替えの棟札にも盛氏父子が連署していた。岩城領でも、岩城重隆が天文二十一年の楢葉《ならは》八幡宮（福島県広野町）の造営の大檀那となっている。

一族・重臣による社寺興行も行われた。天文十七年、川前《かわまえ》（いわき市）熊倉《くまくら》神社が岩城の臣佐藤伊勢《さとうい》《せ》行信《ゆきのぶ》・重信《しげのぶ》父子を大檀那として造営され、天正十一年には猪苗代の白津《しろづ》八幡（福島県猪苗代町）の神像が芦名一族の猪苗代盛国《もりくに》・盛胤《もりたね》父子によって造立された。

なお、明応《めいおう》九年（一五〇〇）新宮一王子社の造営には越後鯖瀬《さばせ》（新潟県柏崎市）の大工の父子が、弘治三年（一五五七）慶徳《けいとく》（福島県喜多方市）古四王《こしおう》神社の造営に越前の大工が当たるなど、他国の職人の参加もみられた。ちなみに、大工（だいく・だいこう）は鍛冶その他、職人の長をさしたが、江戸時代には建築職人をいうようになる。

4　境界争いの裁決が中人制から大名へ移る

山野《さんや》は、建築資材・たきぎ・刈敷《かりしき》（水田の肥料にする柴草）などの供給源として前近代の村にとって不可欠のものであった。本来は無主《むしゅ》の地とされた山野も、中世には村ごとに境界がきめられるようになり、これにともなって境の争いが生じた。

大永三年（一五二三）、猪苗代湖南、安積郡（福島県郡山市）の中地《なかじ》、横沢《よこさわ》両村の地頭である中地・横沢両氏の間で舟津山をめぐって境論（境紛争）が起き、芦名氏による裁許状が出された。金上盛員《かねがみもりかず》・西海枝《さいかち》盛枝・盃軒一禿・松本宗輔《まつもとむねすけ》・富田実持《とみたさねもち》・平田輔範《ひらたすけのり》ら十名の重臣が連署判（署名、花押）をし、その右袖に芦名盛舜の署判がされた、縦三十三センチ、横六十六センチの堂々たる裁許状であった。境界が決定され、山の草木は入会《いりあい》で採る、ただし杉林の木や舟の用材は届出によると定められている。地頭の境論とはいえ、これは村同士の山論であった。

永禄十二年（一五六九）には地頭三橋盛吉《みつはしもりよし》と常世《とこよ》某が山の境界を争った。耶麻郡雄国《おぐに》山ろくの三橋・常世の両村（福島県喜多方市）の争いである。佐野《さの》某・富田藤六・松本左馬助《さまのすけ》・七宮杢助《もくのすけ》・同平兵衛の調停により一件は落着した。裁定の礼として常世のうちの畠で年貢五〇〇文の地が佐野以下に進上

磐梯山から望む猪苗代湖　日本第４位の大きさを誇る湖で、福島県のシンボルの一つ。会津若松市・郡山市・猪苗代町にまたがる

された。

注目されるのは、この裁定が芦名氏によらず、近所の地頭集団の調停によって行われたことである。当事者の間に入って事を進める人を中人《ちゅうにん》とよぶ。とりわけ中世後期には中人制による調停が普通であった。十五世紀の国人一揆《こくじんいっき》の時代以来の習いであるが、それが漸次、大名による裁定へと移っていったのである。

元亀年間、耶麻郡新宮村と田原村（ともに喜多方市）が村の境界をなす濁川《にごりがわ》をめぐって争った。新宮村地頭平田左《さ》京亮《きょうのすけ》（また左衛門尉か）と田原村の地頭平田弾《だん》正《じょう》との相論である。元亀三年（一五七二）、芦名家宿老富田氏実《うじざね》が一地頭の立場で中人となり、河原の土地は田原村に属し、用益は両村の入会とする。田畑は開かぬこと、という調停を行い、その旨を新宮熊野神社（喜多方市）の三別当（本宮・新宮・那智《なち》）に報告した。熊野神社の

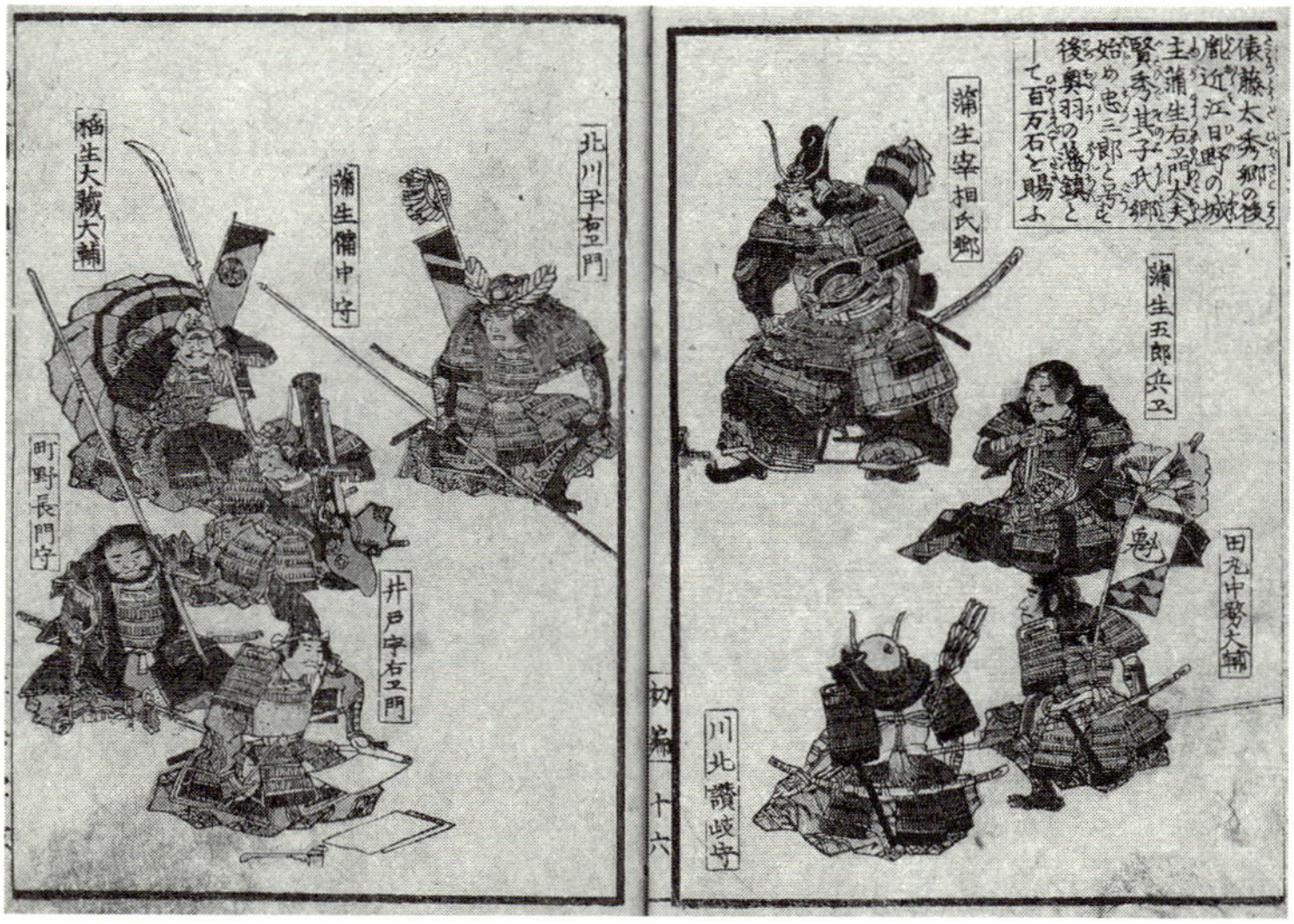

「太閤記画譜」に描かれた蒲生氏郷とその家臣　個人蔵

神裁《しんさい》を仰ぐという形式が採られたのであろう。

古代には盟神探湯《くがたち》といって、煮え湯の中の小石をとる神裁が行われたが、中世後期には鉄火を取る神裁が現れる。真っ赤に焼いた鉄を手にとる神裁である。少し時期が下るが、元和《げんな》五年（一六一九）、河沼《かわぬま》郡縄沢《つなざわ》村と松尾《まつお》村（共に福島県西会津町）との山論でこれが行われた。

縄沢村の人々が村境の日影平に木を切りに出たところ、松尾村の人々がその鉈《なた》をとりあげ、その後また縄沢の村人が木を切りに出たところに松尾の村人大勢が貝を吹いて入りこみ、縄沢の五人が討ち伏せられ、うち二人は瀕死の重傷を負った。会津城主蒲生氏の奉行方に縄沢村の訴状と松尾村の陳状（弁明書）が数度出され、さらに奉行方の検分が行われたが、理非不分明であった。奉行方は、両村ともに山に著しく不自由なわけではないから、奉行の裁定に従うようにと諭したが、両村とも鉄火の裁きを希望したので、それに決まった。

野沢《のざわ》の諏訪神社の社頭で縄沢村の次郎右衛門と松尾村清左衛門が鉄火を取ったところ、次郎右衛門が三度おし戴いて三方《さんぽう》の上に置いたのに対して、清左衛門は受けとると鉄火を投げ出して倒れた。正月に起きた紛争は、こうして八月二十一日に神裁により決着し、日影平は縄沢村の分に決まった。定めの通り清左衛門は処罪され、遺体は三分されて三つの境塚に埋められた。

手にやけどを負った次郎右衛門の家はかねての約束に従い、以後代々、縄沢の村がその農事を助けた。清左衛門の子孫は明らかでないが、ふたりは共にわが村のために身を捧げたのである。近江（滋賀県）・伊賀《いが》（三重県）など諸国にも鉄火の神裁の例がみられるが、どの場合にも、村の犠牲に対する共同補償が行われた。

紛争・裁定・補償のどの過程においても、戦国・近世初頭の村の強固な共同体構造を痛感させられる。

5　陸・海ともに盛んになされた交通と物流

戦国時代、南奥州でも人々の交通と物資の流通は意外に盛んであった。

この時期の幹線道路は、ごく大ざっぱには仙道（山道、中通り）は東北本線、海道（浜通り）は常磐線にそれぞれ沿った道すじとみてよい。または磐越線と水郡線に沿った道すじがあった。このほかに、岩城平から合戸《ごうど》・三坂《みさか》（以上、福島県いわき市）・谷田川《やたがわ》（同郡山市）と、また竹貫《たかぬき》（同古殿町）および石川（御斎所《ごさいしょ》街道）を経由してそれぞれ仙道に至る道があった。その他、海道と仙道をつなぐ道には、浪江《なみえ》から津島《つしま》（同浪江町）・川俣《かわまた》（同川俣町）をへて杉目（福島市）に通じる道があった。会津から越後への道も、北方《きたかた》（同喜多方市）経由よりは坂下《ばんげ》（同会津坂下町）を経由するのが普通であった。会津から下野（栃木県）へは会津鉄道のすじ道があった。仙道から米沢方面への道は、板屋《いたや》通り（奥羽線沿い）と新宿《にいじゅく》通り（七が宿街道）である。

伊達氏の「塵芥集」では、公道の幅を一丈八尺（三間、五・四メートル）と定めている。天正十八年（一五九〇）、豊臣秀吉の奥羽仕置の下向のために作られた小田原・会津黒川間の道路も幅三間であった。

一般の交通運輸は、大名たちが治安維持と関役の財政収入とを目的として諸所に設置した関役所によって規制された。永禄九年（一五六六）、岩城親隆は塩荷十駄の送達を御斎所街道（竹貫経由の道）の「役所中」に命じている。関役を徴収し、また荷を点検する役所が所々に設けられていたのである。

天正十六年、伊達政宗は郡山宿の商人山本伊勢に馬十疋・荷物十駄について伊達領の奥大道《おくだいどう》（奥州幹道）の諸関を無税で通行する特権を許した。同じころ伊達領では、一般の荷物は一駄につき二〇〇文の関銭で通すが、よろい・玉薬《たまぐすり》・塩硝《えんしょう》はいっさい通過禁止という規則を各関役所に令達している。

なお、関所は秀吉の奥羽仕置によって原則として廃止される。

山本伊勢宛ての文書に押された伊達政宗の獅子の印判

天文十四年（一五四五）、白川晴綱は近津都々古別社の八槻《やつき》別当に対して、社殿造営のために五年間の伝馬役《てんまやく》を免除した。大名領ごとに大名御用の伝馬宿送《しゅくそう》（馬による宿つぎ輸送）の制度が整えられていたことが知られる。

海の交通・運輸をみよう。文禄四年（一五九五）のころ、岩城領では楢葉郡三十二、岩城郡十八、岩崎郡八十五、菊《きく》多《た》郡三十、計一六五艘の船が課税対象とされていた。このうち、運漕用の廻船とみられる大船と小船は八十艘にのぼ

八槻都々古別神社　福島県棚倉町

郡名	大船	小船	漁船など	計
楢葉	0	0	32	32
岩城	2	0	16	18
岩崎	57	7	21	85
菊多	4	10	16	30
	63	17	85	165

文禄４年（1595）岩城領小物成目録

る。古来、岩城（磐城）さらに相馬地方は海上の道による開発が進められたとみられる。鎌倉時代の鎌倉と岩城の交流は、岩城の禅長寺《ぜんちょうじ》と鎌倉建長寺《けんちょうじ》の関係の深さなどからもしのばれるが、これを結んだのは海の道であった。戦国期に入って海上交通はさらに盛んになった。ただし、岩城からの航行は関東相模湾域にとどまり、その以西へは船の乗り換えが必要であったという。太平洋海運の一つの限界である。

また文禄のころ、製塩用の塩竈《しおがま》は菊多郡だけで二十七をかぞえた。舟と塩竈は岩城家臣たちの知行の対象でもあり、岩城氏は家臣の領有する船に課税し、あるいは漕運の役を勤めさせた。

菊多郡の塩竈の数をみれば、また十六世紀前期の天文年間に宮城郡の海浜に数々の塩竈があったのを考えれば、戦国時代の相馬領から岩城領の海岸に多くの塩竈が設けられて塩が採られたことは確実である。海道と仙道を結ぶ横断道は、まさに塩の道であった。さきの岩城親隆の文書は、その片鱗を示すものにすぎない。

天正四年、伊達輝宗は岩城家臣の佐藤大隅《おおすみ》に舟一艘について、伊達領中の津々浦々での諸役免除と方質《かたじち》の停止を保障している。方質とは、国質に類するものであろう（第二部3）。なお、郡山の山本伊勢はその名の通り伊勢の出身である。会津の商人頭《かしら》として芦名氏から商取引などの取り締まりの特権を許された梁田家の文書によれば、天正のころ京都・伊勢・関東のほか各地の商人が会津に往来している。商業面でも人々の交流は広く頻繁であった。

6　「塔寺八幡宮長帳」にみる飢きん・徳政

会津から越後に向かう、かつての道が盆地を出離れるところに塔寺《とうでら》（福島県会津坂下町）がある。ここは、柳津・只見《ただみ》方面への道が分岐する交通の要地であった。『新編会津風土記《しんぺんあいづふどき》』（文化《ぶんか》六年・一八〇九）は、昔ここに金銀をちりばめた塔があったと記す。江戸時代、会津の人々は伊勢参宮からの帰途ここに泊まり、旅装をかえて帰村したという。

現在の心清水《こころしみず》八幡宮と立木観音堂恵隆寺《たちきかんのんどうえりゅうじ》は、江戸時代までは宮方・堂方と区別されながらも一体として運営された。心清水八幡宮に伝来する「塔寺八幡宮長帳《ながちょう》」（国重要文化財。以下、「長帳」）は中世塔寺の活動の所産というべきものであり、いわきの飯野家文書（国重要文化財）・国魂《くにたま》文書、熱塩加納《あつしおかのう》の示現寺《じげんじ》文書、さらに棚倉の八槻文書などと共に福島県内の重要な中世文書であるが、そのなかで「長帳」は形式上特異な存在といわねばならない。

「長帳」は現状によれば全八巻、南北朝期の観応《かんのう》元年（一三五〇）から戦国期の天正三年（一五七五）に至る毎年正月の大般若経の転読《てんどく》ほかの巻数《かんず》やこれを勤めた人々の名を記し、その裏に応永二十六年（一四一九）ころから世間の出来事を記録するようになり、その記事は元亀四年（一五七三）でほとんど終わった後、再び文禄三年（一五九四）から寛永《かんえい》十二年（一六三五）に至っており、大方は「年日記」といわれる内容にふさわしい。天下の奇書とよばれた「長帳」は、塙《はなわ》保《ほ》己《き》一《いち》の「続《ぞく》群《ぐん》書《しょ》類《るい》従《じゅう》」に収録された。「長帳」の裏書には芦名氏などの動静が記されるほか、災害なども記録されている。別表は「長帳」を補充した「会津《あいづ》旧《きゅう》事《じ》雑考《ざっこう》」の災害記録の抄出である。ここにみられるように、十六世紀の七十八年間に三年に一度の割合で天災や飢きんが起きている。天災の被害の大小、そして疫病あるいは飢きんは、いうまでもなく自然ではなく政治あるいは社会のあり方と関係がある。永正二年（一五〇五）の芦名盛高・盛滋父子の内争は、三〇〇〇の餓死者を出した大飢きんと重なっている。

恵隆寺　福島県会津坂下町

芦名盛氏の永禄三年（一五六〇）から天正四年までに、六回の徳《とく》政《せい》令《れい》が出された。徳政令は債務の一部または全部を破棄させる政令であるが、元亀三年の徳政が旱《かん》ばつのためと記されるのによれば、これが領民の生活救済を目的として出されたことが知られる。この盛氏の治世の後期は、しきりに外征が行われた時期であった。天災のみではなく、征戦の軍役や戦費の負担が領民生活を圧

年　号	事　象
文亀1（1501）	8月8日　霜降り五穀不熟
〃　3（1503）	大旱
永正1（1504）	天下大飢饉、会津米価1升100銭
〃　2（1505）	冬大雪、飢饉3000人死ぬ
〃　6（1509）	多雨、患痎人多く死ぬ、大雨雪
〃　7（1510）	8月8日　大地震
〃　8（1511）	6月　多雨
〃　11（1514）	5〜10月　日でり
〃　12（1515）	7月19日　大地震
〃　13（1516）	4月11日　大雨雪、6月大水、 12月晦日　大水
〃　14（1517）	6月20日　大地震
〃　15（1518）	7月14日　大雨大水、8月25日　雨雪
大永3（1523）	5月19日　大水
〃　4（1524）	百日旱
〃　6（1526）	疾疫、人多く死ぬ
享禄1（1528）	6月15日〜10月　日でり
〃　3（1530）	豊年、会津米価15〜16銭、大雨雪
天文5（1536）	6月28日、洪水、白鬚水（鵜沼川、大川の流路変わる）
〃　9（1540）	8月11日　夜大風、五穀大損
〃　14（1545）	雪浅、臈月梅花開く
〃　15（1546）	諸国疾疫
永禄4（1561）	大飢饉
〃　10（1567）	旱ばつ、皆々餓死
天正4（1576）	大旱
〃　6（1578）	雪降らず

「会津旧事雑考」にみえる災害記録

迫したことが考えられる。ただし、徳政は芦名領だけのものではない。伊達領その他でも、このころの土地売券に〝徳政令が出ても変わりはない〟という文言がよく現れるのによれば、徳政令がまれなものではなかったことが知れよう。

なお、「長帳」には会津黒川城下（福島県会津若松市）の火災も記されている。弘治二年（一五五六）一月には、大町・馬場町で蔵が一〇〇も焼けた。その前の天文七年（一五三八）三月の大火では芦名氏の館をはじめ、針生《はりう》・松本・常世《とこよ》・西海技《さいかち》・鵜浦《うのうら》・経徳・富田・栗村などの屋敷が残らず焼失した。重臣級の黒川城下への集住・参勤の形が整えられていたことがうかがわれる。

城下町の黒川と違って、塔寺はいうまでもなく塔寺八幡の門前町であった。別当・神主をはじめ、仏神事を勤仕する僧や神子《みこ》大夫数十人が塔寺の住人の中心となり、さまざまな生業の人々が住んだとみられる。『新編会津風土記』に家数八十八軒とある塔寺は、戦国にもさほど違わぬ数の家々が並び、繁昌をみせていたであろう。町尻から大門を通って松原の本堂社に至る間の町筋は、特定の地頭領主に従属しない自治都市に準ずる町を構成したのである。

7 耕作に必要不可欠な堰と水利用

田には灌漑《かんがい》用水が不可欠である。中世初期には谷水を用いる谷田（たにだ・やとだ）が行われたが、その後、川の流れをせきとめて水を引く、堰《せき》によって田の開発が進んだ。十四、五世紀には、一村をこえる堰が造られた。

早い例では十四世紀末、応永《おうえい》二年（一三九五）に耶麻《やま》郡の金川・三橋・深沢・田中・竹屋・下窪・金森（以上、喜多方市）の七か村の人々が築いた狐堰がある。田中村の稲荷への祈願により初午《はつうま》の日に現れた白狐の雪上の足跡を頼りに、日橋川《にっぱしがわ》から分水して堰を造ることを水上の金川村地頭石井《いしい》丹波《たんば》の許可をえて工事が行われた。

江代《えしろ》（堀の代償）として、堰堀が通る村々の地頭である下荒井《しもあらい》盛継《もりつぐ》に三橋以下七か村が四九〇〇刈の田を供出することで諒解がとられたが、その他の領分にかかった部分について紛争が生じ、芦名四天宿老と盛継との検分により堰堀の境が立てられた。

ちなみに狐堰は金川・金森間六キロに及び、現在、水下は八集落、灌漑面積二一〇ヘクタール、受益戸数二一〇戸となっている（※二〇〇四年当時。編集部補註）。

安達の岩色堰《いわいろ》は永禄年間に土地の石川六左衛門秀富《ひでとみ》が二本松畠山氏の命を受けて、苗代田村（福島県本宮市）の岩色下瀬《しものせ》に堰を築き、石川原まで幅七尺（二・一メートル）の堀を設けて引いた用水である。苗代田村には江代として代替地を渡した。永禄八年（一五六五）の完成により、荒蕪《こうぶ》地だった石川原には田が開かれ、関下村とよぶ村が誕生し、秀富の家は名主を世襲した。

元亀元年（一五七〇）、栗村《くりむら》（会津坂下町）の地頭栗村下総が稲荷の霊夢によって金沢村分の押切淵《おしきりぶち》から長土路《ながとろ》まで六七〇間余（一・二キロ）の栗村堰を掘った。金沢村の百姓美濃・伊勢、矢目村土佐の訴えを受けた下総は、堰の水を金沢・矢目両村の田の用水にも自由にあてることを約束して落着した。

堰の築造については、水を通させる上手《かみて》の村と、水の利便を受ける下手《しもて》の村との間で紛争が起きることが多かった。伊達氏の「塵芥集」にも用水について五か条を規定している。代表的なものをあげよう。

用水のことは従来の慣行による。上手の人々は用水を通さぬ、下手の人々は通せと紛争が起き、たがいに確証がない場合は、万民をはぐくむために用水を通すべきである（第八十四条）。堰を築いた結果、水増しによってそこの地が荒地となったといって地主が反対した場合は、堰をやめるべきである。ただし、用水は万民の助けであり、一人の損失のためにやめるのは道理に合わぬから、荒地の被害相当分の年貢を地主に払って堰を固めるべきである（第八十八条）。

狐堰の場合は大名芦名氏の裁決により、栗村堰では当事者同士で決着がついたが、いずれも「塵芥集」の法理に共通した解決であったといえる。岩色堰では、大名畠山氏の用水に対する関心のほどがうかがわれる。

なお、渇水期などの水の公平な配分を図るため番水の制がとられた。慶長《けいちょう》九年（一六〇四）六月、耶麻郡下柴《しもしば》村と平林《ひらばやし》村（ともに喜多方市）の用水紛争について蒲生氏奉行は、「先年のごとく」朝六つ時（六時）から晩七つ時（十六時）まで平林へ、晩七つより朝六つ前まで下柴へとるべし、と裁決した。戦国期までさかのぼって番水の制の行われたことが知られる。明応九年（一五〇〇）には伊達尚宗《ひさむね》が、伊達郡伊達崎の田手三河守に飯田（桑折町半田）より三度の落水を先規の通り保証している。佐久間《さくま》川《がわ》上流の飯田から下流の伊達崎への用水が月三度ずつ保証されたのである。

大きく蛇行して伊達郡を北流する阿武隈川《あぶくまがわ》は、洪水で押切《おしき》りを生じ、川すじの変更が激しかった。天文七年（一五三八）の段銭帳で西根（西岸）に属した沼袋・平伏黒・小幡は、同二十二年までに沼袋が、その後、平伏黒・小幡も東根に変わった。「塵芥集」は「押切は本地に付べし」（第九十条）と領有関係に変更はないと規定している。

尚宗証状は、加えて三河守に伊達崎上総知行分の伊達崎郷南推切野《おしきりの》と三河守の広沢・長江川《ながえがわ》との交換を承認している。南推切野は押切りによって三河守領分側に移り、上総にとって不便になったため、川すじに従って所領を交換したものであろうか。

第四部　宗教と芸能

1 信仰あつき京・熊野・高野山への旅

　中世奥州の人々の京都への憧憬と熊野への信仰のこころは深かった。すでに鎌倉期の弘安《こうあん》九年（一二八六）、岩崎郡金成《かなり》村（福島県いわき市）の地頭岡本資親《おかもとすけちか》が、岩崎隆時《たかとき》を先達《せんだつ》として弟ふたりと共に十一月十三日に村を発ち、十二月三日に上洛、十日すぎに離京、十八日に紀伊の熊野本宮に参り、十九日に新宮、二十日に那智に参詣し、帰途、遠江《とおとうみ》国河村庄に一か月滞在し、閏十二月二十七日金成村に帰着した例が知られる。河村庄滞在の理由は明らかではないが、なかなかの強行軍といえる。おそらくは、資親の上洛・熊野参詣の旅は、京都大番《おおばん》・鎌倉大番を課された鎌倉期の武士層にとって、特例ではなかったであろう。

　室町期、京・熊野への旅は最盛期を迎えた。明応四年（一四九五）八月、室町幕府は「奥州住人白川上洛人七百人」と「馬五拾疋」について諸関通行の過所《かしょ》（通行証）白川高野郡の八槻別当に与え、京都の若王寺《にゃくおうじ》乗々院《じょうじょういん》も八槻別当に「奥州白川一家、同家風《かふう》・地下人《じげにん》等」についての熊野参詣先達職を認可した。この年の九月に白川顕頼《あきより》は左兵衛佐《さひょうえのすけ》に任官している。顕頼は一行七〇〇人を引きつれて上洛し、その折に任官を受けたのである。七〇〇人の一行は、顕頼以下の白川一家と、その家風

（家臣）・地下人（庶民）であった。七〇〇人の大行列は都人の目を驚かせたに違いない。

八槻文書によれば、白川領の領民を含む人々の上洛は、十四世紀の半ばころまでに始まり、一度に白川家臣の数十人が夫人・子女をつれて先達の引導のもと熊野に上っていた。なかには再度の先詣者もあった。くだって明応年間の前後にも一〇〇人、二〇〇人の上洛・熊野詣《もうで》が行われていた。

田村庄（田村郡）は熊野新宮の庄園として戦国末に至った。各村で最低一段歩（十アール）から最高四町歩（四ヘクタール）の式田が一段平均一〇〇文の年貢を負担して天正年間に及んでいる。田村庄の人々の熊野参詣も想定される。南奥の有力修験《しゅげん》としては白川八槻大善院《だいぜんいん》、田村の大祥院《だいしょういん》、石川の大蔵院《だいぞういん》、伊達の良覚院《りょうかくいん》、相馬の上之坊《かみのぼう》があった。

足利義教画像　東京大学史料編纂所蔵

大名自身の上洛では、永享十二年（一四四〇）の白川氏朝《うじとも》と、文明十五年（一四八三）の伊達成宗《しげむね》の上洛日記がある。氏朝一行は四月二日から十八日まで在京して将軍足利義教《よしのり》、夫人以下に進物を行い、氏朝と母、乳人《めのと》ほか二十七人だけが熊野に参詣し、その他の衆は京都から帰国した。鎌倉で永享の乱が

高野山根本大塔　奥の院には伊達政宗の供養塔をはじめ、殉死者 20 名の五輪塔のほか、近世伊達家の供養塔も残る　和歌山県高野町

起きたとの報に接したためである。

十月十日の成宗の上洛について、三条西実隆《さんじょうにしさねたか》（のち内大《ないだい》臣《じん》）は、奥州の伊達が今日数百疋をひいて上洛した、と日記に書いている。十月十一日に前将軍義政《よしまさ》、将軍義尚《よしひさ》、義政夫人日野富子《ひのとみこ》らに謁し、翌日には要人たちと会った成宗は、その後は公家の蹴鞠、高尾の紅葉などを見物、観世大夫《かんぜだいふ》を招き、また北野天神《きたのてんじん》以下の社寺に献金するなどして一か月余の滞在の後、奈良で興福寺《こうふくじ》薪能《たきぎのう》を見物し、長谷寺《はせでら》を経由し、伊勢に参って帰国した。この上洛には、奥州に関係の深い豪商坂東屋富松が世話をしている。

成宗のこの上洛は二度目だったが、父の持宗《もちむね》も二度上洛している。室町幕府の扶持衆《ふちしゅう》（直参《じきさん》）の格式の伊達・白川・芦名などは、時々上洛する立場にあったのである。

戦国の世が進むにつれて、室町将軍の権威は失われ、大名の上洛は行われなくなった。伊達稙宗・晴宗・輝宗・政宗の四代も上洛した形跡がみえない。白川義親は十六歳のときに上京しているが、白川領の人々の一〇〇人をこえる熊野詣も八槻文書には現れなくなる。佐竹の侵攻によって余裕がなくなったためもあろうか。

一方、伊達家中の高野山参詣《こうやさん》は戦国期にも行われていた。例えば、弘治三年（一五五七）正月、伊達の宿老（のち奥州守護代）の牧野宗仲をはじめ原田藤太郎・高野与四郎・片倉壱岐守・遠藤内匠（基信）・浜田《はまだ》左馬助・萱場《かやば》左馬助・鹿股主殿らの錚々たる面々が、同道して高野山に参り、関係者の供養をしている。この傾向は戦国末から江戸初期へと続いた。

関所が濫立し、また幕府の過所がようやく現れなくなるなかで、なお人々の都がたへの旅は続けられたのである。

2 次々に南奥羽を来訪する都びと

応仁・文明の乱以後、荒廃した都から公家《くげ》たちが地方を訪れたことは、よく語られている。文明十八年（一四八六）六月、足利義政・義尚らの送別をうけて京を発った聖護院門跡道興《しょうごいんもんぜきどうこう》は、翌年三月、白川領に入って八槻別当のもとに一、二泊し、田村・安積山をへて松島《まつしま》に向かった。

あづさ《（梓）》弓やつきの里《さと》の桜がり
　　花にひかれてをくる《（送）》春かな

八槻別当のもとでの詠歌である。その短冊は今も八槻家に伝存する（県指定重要文化財）。

戦国情況が本格的となる天文十七年（一五四八）のころ、聖護院道増《どうぞう》が会津を訪れた。布教の目的とあわせて、将軍足利義輝からは伊達稙宗・晴宗父子の内争、天文の乱を調停する使命を託されていた。戦のため通行困難との理由で伊達領に赴くことなしに帰洛したが、その他についても道増は伊達と連絡していた。

天文十九年には醍醐寺三宝院《だいごじさんぼういん》の堯雅《ぎょうが》が五月八日に出発、閏五月十六日会津の金剛寺《こんごうじ》で印可《いんか》（悟りを得たことを証明する）を行い、六月十四日に相馬領歓喜寺《かんきじ》、八月三日に岩城の薬王寺《やくおうじ》でそれぞれ印可を行ったのち、常陸（茨城県）に向かっている。修験本山派《ほんざんは》の天台宗聖護院と当山派《とうざんは》の真言宗醍醐寺三宝院とが布教を競ったのであろう。

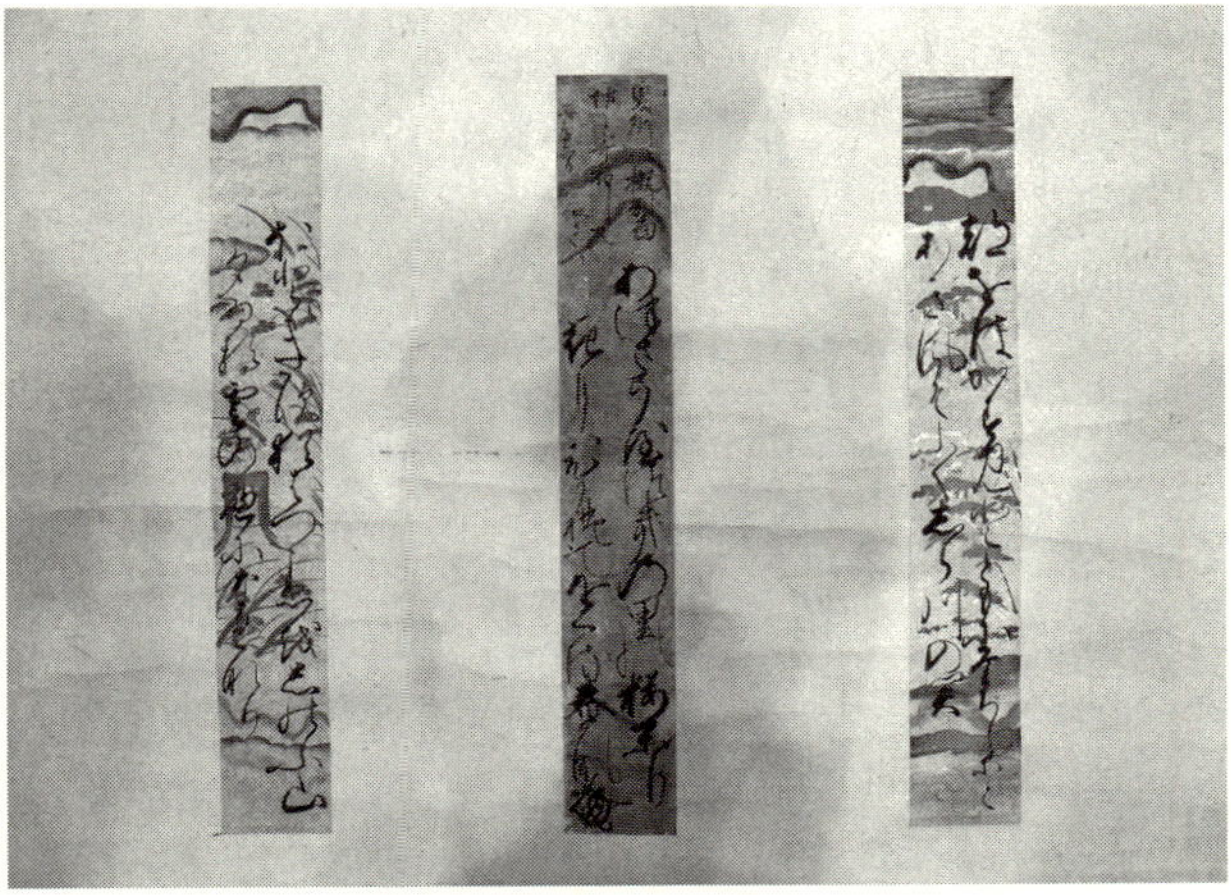

聖護院道興短冊　個人蔵　画像提供：棚倉町教育委員会

堯雅はその後、三度も東国を訪れている。永禄三年（一五六〇）春に京都を発ち、信州を経由して関東から奥州に下り、七月十六日に三春の大元帥明王《だいげんみょうおう》別当に印可、八月八日に岩城の薬王寺で印可ののち常陸に向かい、翌年十月に醍醐に帰着した。次に元亀元年（一五七〇）六月に出発、信州から下野（栃木県）に下って年を越し、同二年四月二十日に奥州田島《たじま》（福島県南会津町）の薬王寺で印可、二十九日に田村の大元帥明王別当で印可、五月九日に相馬領歓喜寺で印可、同二十四日に再び歓喜寺で印可、のち松島に赴き、六月二十日には岩城八茎《やぐき》薬王寺で隠居印可、のち常陸をへて元亀四年十月現在、宇都《うつの》宮《みや》（宇都宮市）に滞在した。

最後の天正四年（一五七六）は六月に出発し、伊勢か

足利義輝画像　京都市立芸術大学芸術資料館蔵

ら船で品川《しながわ》（東京都品川区）に着いて常陸で越年し、翌五年三月六日に岩城八茎寺を訪れ、八月に流山《ながれやま》（千葉県流山市）に移った。悠々たる布教の旅である。

天正七年のころには聖護院道澄《どうちょう》が奥州を訪れ、米沢に数日滞在して伊達輝宗と宿老遠藤基信の接待を受けた。

戦国奥州の大名郡主たちの京都への憧憬と芸能への志向のなかで、蹴鞠と和歌を家道とする飛鳥井《あすかい》氏が南奥に下向する。天文二十一年、亘理城主の亘理元宗は上洛して足利義輝に謁したが、その折に政所執事で故実家の伊勢貞孝《さだたか》の世話で飛鳥井雅綱《まさつな》に会い、蹴鞠の正装である葛袴《くずばかま》を免許された。翌年三月、雅綱の子雅教《まさのり》が亘理に下向し、猩々皮《しょうじょうがわ》三十枚を元宗にみやげとした。元宗は亘理城で蹴鞠を興行し、七五三の正膳をもって雅教を饗し、帰洛には馬と黄金百両を献じた。

元宗は伊達稙宗の子息で、母の実家亘理を嗣いだ人。伊達の指揮下に入りながらも、独立の大名領主権を保持した。このとき二十四歳である。雅教への黄金百両は、伊達晴宗の左京大夫・奥州探題補任の御礼が各三十両であるのに比べて並々ならぬものであった。

弘治二年（一五五六）には、白川義親が飛鳥井雅綱から蹴鞠の伝を直々に面授された。七十歳に近い雅綱の白河下向は考え難いから、義親の上洛の折のことであろう。

永禄四年六月、飛鳥井雅教父子が伊達晴宗の米沢城に下向した。これについて、将軍義輝と伊勢貞孝はそれぞれ書簡を晴宗に呈した。雅教らの到着の月日は明らかではないが、この年十二月から翌年五月までに晴宗は次々と伝授を重ね、四月には香之上《こうのかみ》を許された。香之上は蹴鞠装束の水干《すいかん》の色の名。暗黄赤色で技量にすぐれた者のみに許された。前年の永禄三年、雅教は義輝の命をうけ豊後《ぶんご》の大友義《おおともよし》鎮《しげ》（三十一歳。のち宗麟《そうりん》）のもとに下り、香之上を伝えている。義鎮は前年冬に九州探題に任命されていた。同じ永禄二年に奥州探題に任じられた晴宗に対する香之上の認可もまた、この任官と一定の関連をもつとみられる。

六月に米沢を離れた雅教は十年ぶりに亘理を訪ね、松島を一見して帰途についている。

3　茶の湯の流行と画聖・雪村の活躍

伊達輝宗の「正月仕置之事」には、正月四日茶の挽《ひ》き初めがみえた（第二部6）。このほか、四日に茶百袋、八日には三十袋の到来がみえる。

輝宗の父晴宗は、天文の乱中の天文十一年（一五四二）、内馬場《うちばば》但馬・青木《あおき》掃部左衛門らに飯野郷《いいの》（福島市）の棟役・段銭と茶役（茶税）を五年間免除している。飯野（伊達郡）で戦国期に茶が植栽されていたのである。天正十五年（一五八七）に政宗が青木弥太郎に飯野の知行を与えたなかに「茶はとう五百文」がみえる。新茶に対する年貢であろう。

南奥州の所々で茶が作られていたことがうかがわれる。上杉氏の越後府中《ふちゅう》（新潟県上越市）では戦国期に一服一銭《いっぷくいっせん》の茶が売られていたらしい。北条氏の小田原はもとより、南奥州の城下・宿町にも茶売りが現れていたものと思われる。

伊達輝宗の天正二年の日記には茶の湯のことはみえないが、宿老遠藤山城基信が屋敷内の者に造らせた茶釜を織田信長に贈ったところ、信長は基信の実直さを愛《め》でてこれを「遠山」と名づけて秘蔵したという伝えによれば、輝宗の身辺では日常の喫茶と茶の会（茶の湯）の両方が行われていたと推測される。

伊達政宗の天正十五年から十八年三月までの日記には、茶事が頻繁に現れる。十五年には茶の会が八回みえる。一度は東昌寺で催されている。寺からの茶の進物とあわせて、禅寺と茶の関係の深さが確認される。この年九月に米沢城内に茶室が新設されて、伊達碩斎《せきさい》宗澄（稙宗五男）、浜田景隆《かげたか》らが招かれた。以後、茶の会はしきりとなる。

十六年には二十回をこえる茶の会がみえる。亘理元宗・伊達成実・留守政景・桑折宗長《むねなが》・鮎貝日傾斎・小梁川泥蟠斎・東昌寺・覚範寺《かくはんじ》・白石宗実・石母田宗頼《むねより》・村田《むらた》万好斎など、多くは親類・一家衆が主客である。十八年一月には、会津黒川の少納言喜多《しょうなごんきた》（片倉景綱《かげつな》の姉、政宗の保母）の屋敷で近臣ら八人で楽しむ茶の会もみえる。十七年十二月には、京都からの使として下った坂東屋道有の亭に赴き、宿老原田宗時《はらだむねとき》を相伴として茶会を催した。宗時は、政宗

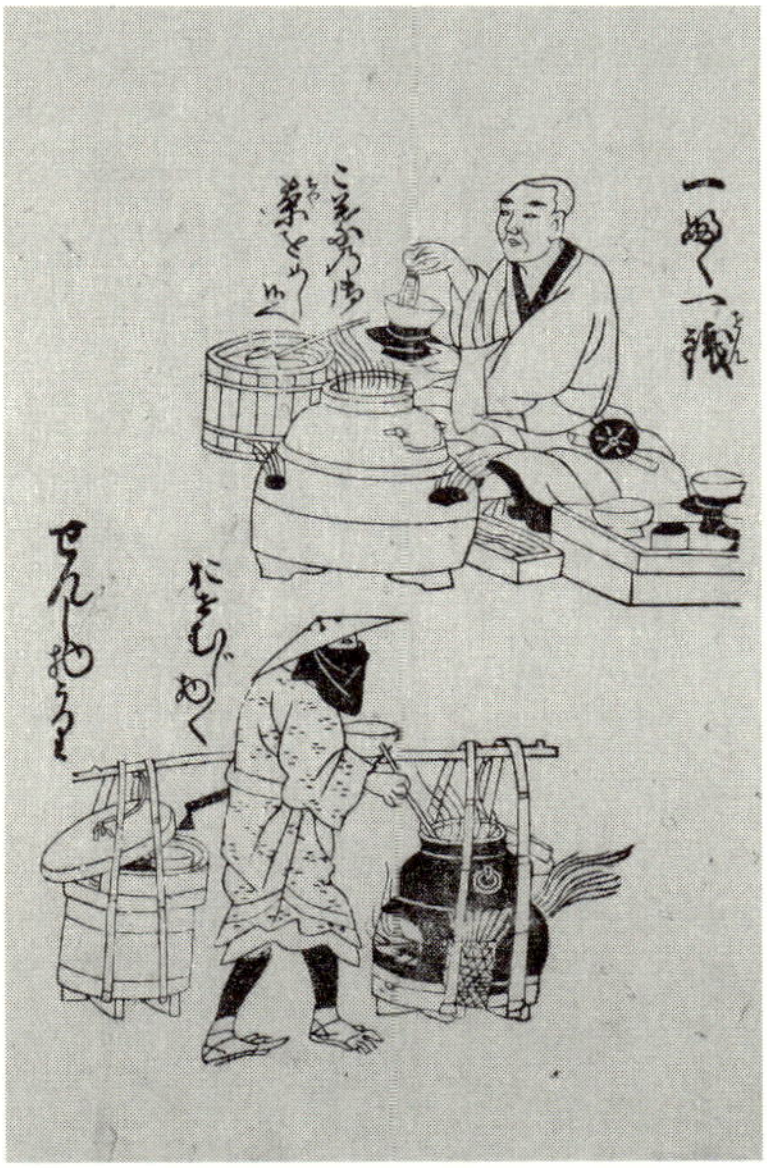
「七十一番職人歌合」に描かれた一服一銭
早稲田大学図書館蔵

瀟湘八景図　雪村画　中国・瀟湘の８つの名所を描いたもの。室町時代、日本の画家によって盛んに描かれた　岡山県立美術館蔵

より二歳の年上、当時政宗に近侍した（朝鮮に渡海、病死）。

茶の会は、能・乱舞が士気を昂《たか》めたのに対して静寂のなかで英気を養い、同じく家中の結束を緊密なものとしたのである。

ところで、天正十五年の十一月、政宗は安達郡塩松城主で一家の白石宗実に「約束之鎖帷子《くさりかたびら》ならびに雪村《せっそん》之筆、祝着之至候」と書き送って、雪村の画を贈られたことを感謝している。

雪村周継《しゅうけい》は常陸佐竹の一族で、武将への途を捨て、画僧となった人である。天文十五年には会津で芦名盛氏に画法の秘伝とも鑑賞法ともいわれる「画軸巻舒法《がじくかんじょほう》」の伝を授けた。のち小田原・鎌倉を訪ねて北条氏の庇護のもとに画風を磨き、盛氏が岩崎城（向羽黒山城）の築城を開始した永禄四年（一五六一）のころ、会津を再訪して城内諸館を飾るために画筆を振った。なかでも「瀟湘八景図《しょうしょうはっけいず》」（現岡山県立美術館蔵）は注目される。もっぱら関東・南奥州に住み、雪舟に私淑《ししゅく》しながらもこれを模倣せず卓抜な絵画の境地を示し、元亀元年（一五七〇）ころまでに田村隆顕に庇護されて三春に住み、天正三、四年（一五七五、七六）から同十二、三年ころに八十歳代で死去した。

なお、「伊達晴宗采地下賜録」で陶又五郎《すえまたごろう》が下長井下平柳村に与えられている「雪村分」が雪村周継に関するとすれば、雪村は一時、伊達氏の庇護をも受けたことになる。

政宗の活躍するころ、雪村はすでに世を去っていた。政宗が入手した雪村の画は、書状の言葉のようすからは小品であったように推測される。あるいは、茶掛けとして飾られたものであろうか。

政宗の祖父稙宗は、管領細川高国《たかくに》から牧谿《もっけい》の画、細川尹賢《ただかた》から香炉《こうろ》と茶碗を贈られた。輝宗も黒川晴氏《はるうじ》から茶碗を贈られている。政宗はのちに、岩城文琳《ぶんりん》とよばれる唐物《からもの》茶入れの逸品を入手した。芦名盛氏は、天正八年、六十歳の正月に「老衰散々に候」と記しつつ、娘婿の白川義親に茶道具を所望する書状を送った。死去する半年前のことである。

綜合芸術である茶の湯は、家中の融和結合と他家との友好の手段となり、またいうまでもなく戦国武士自身の楽しみともなったのである。

4　戦国武士が楽しんだ連歌・乱舞・鷹野

戦国武士が戦いの合い間に楽しんだものには、茶の湯のほかに連歌・乱舞・鷹野（鷹狩）があった。南奥州の武士たちも、例外ではなかった。

文明十三年（一四八一）春、白河鹿島の社頭で行われた白川家中の一日一万句の連歌会の盛儀は、歌枕《うたまくら》白河の土地がらと白川氏の繁栄を象徴するものであった（第一部1）。

連歌師最高の名誉とされる北野連歌会所奉行となり、飯尾宗祇《いのおそうぎ》を助けて「新撰菟玖波集《しんせんつくばしゅう》」を編んだ猪苗代兼載《いなわしろけんさい》（一四五二～一五一〇）は、猪苗代小平潟《こひらがた》の村主石部丹後《いしべたんご》の娘が神に祈って誕生したと伝えられる。会津黒川の自在院《じざいいん》に僧として住したのち京都に上った。会津もまた、兼載を生む連歌の風土を擁したのである。

晩年の兼載は、永正二年（一五〇五）の大飢きんの年に起きた芦名盛高・盛滋の父子内争の鎮静を祈って一〇〇句一巻を詠んだ。相馬家の連歌師猪苗代千佐は、伊達稙宗・晴宗の父子内争の終息を賀して稙宗に詠歌を進献した。連歌は神々への祈りと深く関連していたのである。

兼載は明応八年（一四九九）に岩城を訪れて下総守常隆および家臣の白土・志賀・塩などと会席を

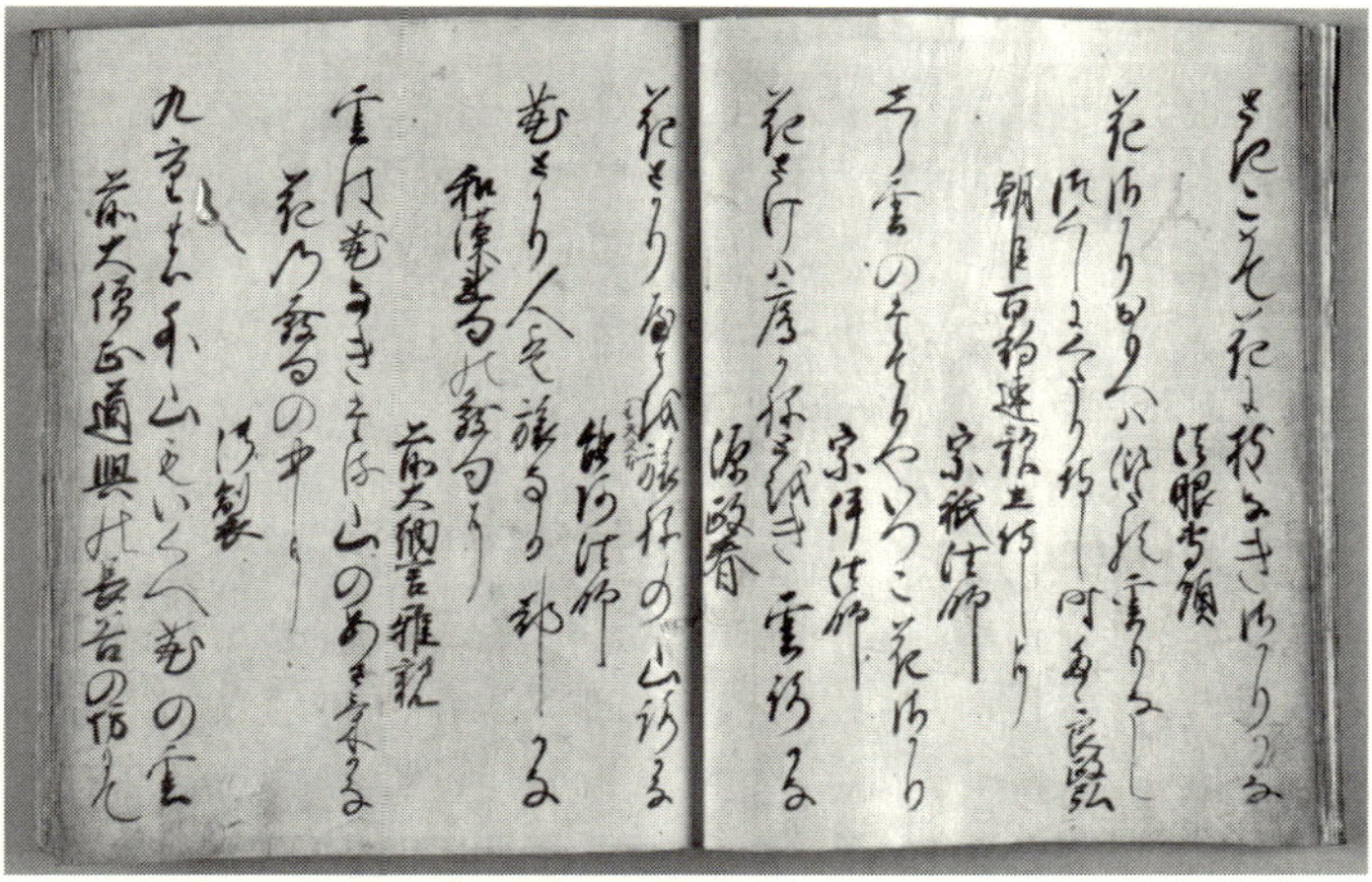

新撰菟玖波集（零本）　和歌山県立博物館蔵

重ね、文亀元年（一五〇一）には京都から下って岩城の城下に草庵を営んだ。彼を庇護した岩城由隆は、また都の連歌師宗長《そうちょう》とも音信をかわした。

兼載の養子で岩城の人兼純《けんじゅん》は、兼載から古今伝授《こきんでんじゅ》（「古今集《こきんしゅう》」解説の秘伝）を受け、伊達稙宗に仕えて評《ひょう》定衆《じょうしゅう》に列し、以後歴代が評定衆を勤め、兼如《けんにょ》が細川幽《ゆう》斎《さい》から伝授を受けた以外はそれぞれ父から古今伝授を受けた。「万年斎沙弥長悦《まんねんさいしゃみちょうえつ》」の名は「塵芥集」の連署のなかにみえている。

大永三年（一五二三）に再度上洛した兼純は、三条西実隆から「源氏物語《げんじものがたり》」の講釈を受け、また主君稙宗の詠草《えいそう》三十点の合点《がってん》（よいものにしるしをつける）および色紙三十六枚を依頼した。翌年の兼純の帰国には、実隆はじめ甘露寺元長《かんろじもとなが》・中山康親《なかやまやすちか》・冷泉為和《れいぜいためかず》ほかの公家・僧侶が訣別の歌会を催した。正二位《しょうにい》・前内大臣実隆はとき

里村紹巴画像（模本）　東京国立博物館蔵
Image：TNM Image Archives

に七十歳であった。

連歌の嗜みが縁で輝宗に取りたてられたという宿老遠藤基信は、飛鳥井雅敦《まさあつ》・里村紹巴《さとむらじょうは》に連歌の批点を仰いだ。雅敦はかつて永禄四年（一五六一）、父雅教と共に伊達家を訪れて年を越した人である（第四部2）。飛鳥井は蹴鞠と和歌を家道とする公家であった。基信は晩年の天正十二年（一五八四）、聖護院道澄に連歌新式の書写を依頼した。かつて伊達家に数日滞在して輝宗・基信の接待をうけたことのある道澄はこれを受諾、また甥の近衛信輔《このえのぶすけ》にも書状の輝宗の意を伝えた。当時信輔は正二位・内大臣、和歌連歌の上手で、のちに三藐院流《さんみゃくいんりゅう》とよばれる書流を開いた。

なお、天正十六年の郡山合戦に佐竹勢との対戦のなかで伊達家臣伊藤重信《いとうしげのぶ》が戦死してまもないころ、重信を追善する連歌の会が猪苗代兼如・浜田景隆・志賀甘釣斎玄湖《かんちょうさいげんこ》、その子武治《たけはる》、大和田忠清《おおわだただきよ》・志賀盛清《もりきよ》ら伊達・岩城両家の人々によって催されている。

能と乱舞も盛んであった。乱舞は速度の早い舞、また一節を謡い奏しての舞をいう。文明十六年に上洛した梁川城主伊達成宗は、滞在中に観世大夫に馬を与え、京都を発って奈良を訪れた際には興福寺の南大門で薪能を見物した（第四部1）。

芦名盛氏は、盛興死後の家督を相続させた盛隆の稽古のために伊達家から三年にわたり太鼓の名手を招いた。また、越後の新発田《しばた》長敦《ながあつ》に盛隆の太鼓の革を所望している。

伊達輝宗の「正月仕置之事」には、十四日に乱舞始めがみえる。天正二年の輝宗日記にみえる能についてはすでにふれた（第二部7）。政宗も能に凝った。天正十五年一月には弟小次郎《こじろう》に太鼓を教えた。五月に矢内和泉の屋敷で稽古を始めてから、能・乱舞・はやし（拍子）が日常化する。軍事・外交に多忙だった天正十六年にも、それは二十回にのぼる。他家の使に対する饗応には必ず乱舞が行われた。

能・乱舞にはしばしば片倉小十郎景綱が現れる。十六年には米沢の景綱屋敷で二度、少納言（喜多。景綱の姉）屋敷で一度、それぞれ政宗が赴いて能や乱舞が行われた。景綱が鹿踊《ししおどり》を踊ったこともみえる。景綱は舞踊りの名手で、政宗は太鼓を得意とした。

父輝宗と同じく政宗も鷹狩を愛し、また川猟を好いた。天正十七年三月、秀吉から望まれて鷹を贈り、秀吉は六月、これに答えて太刀 鎺国行《はばきくにゆき》を政宗に贈った。鷹は服属友好の手段として所望され、贈られたのである。秀吉の鷹狩もまた、清洲《きよす》の鷹狩など東海道出陣に擬する政治的意味を含んだ。

5 戦国大名権力の確立によって聖域が崩壊

十六世紀半ば過ぎの弘治三年（一五五七）、三春城主田村隆顕は、父義顕の菩提所の福聚寺《ふくじゅうじ》（福島県三春町）あてに十二か条の掟書を出した。

第一条には、次のようにある（原文を読み下し仮名交じりで示す）。「一、大細事共、旦那え御相談あるべきこと」。なにごとも、旦那である田村隆顕に相談なさるべきこと。また、第二条は「一、寺家へ走り入りのこと、一命をあい扶《たす》けらる事は、よんどころなく候、さりながら、長々寺中に指し置かることと有るまじく候」。福聚寺へ逃げ入った犯罪者などを助命することはやむをえないが、長く寺に置かぬこと。

第六条では、福聚寺で召し使っている者が悪事を行った場合は、御僧侶身分である福聚寺はこれを処罪しがたいことだから、届けがなくとも隆顕方で処分するであろう。たとえ僧侶でも、無道《むどう》の者が寺中にいれば、同様に処分する、と規定している。

このほか、第三条では寺に逃げこんだ者一人を助けることによって、逆に数人の命を失ったり、田村家の一大事に結果することもあろうから、住職として分別工夫《ふんべつくふう》がたいせつである。第五条では、下《げ》人《にん》が寺に走り入った場合は、その主人に返すこと、とある。

第二条に知られるように、この掟書は、福聚寺の聖域的治外法権を前提としている。中世には、殺生禁断の寺院、とりわけ由緒のある寺院は、聖域として世俗領主権力に対する不入の特権を社会的に認められていたのである。

この掟書の各条には丁重な敬語が用いられ、宛書には「福聚寺江進献」という手あつい書札礼《しょさつれい》（書状の礼式）が行われるなど、福聚寺および住職に対する敬意がうかがわれる。

しかし、条文の内実からすれば、福聚寺に対する田村氏の優位は明瞭である。第一条では、なに事でも田村氏の判断が優越することが示される。第二条では、走り入った犯罪者らの助命を認めながらも、長期の庇護を禁止する。第三条では、場合によっては走り入りを認めぬ、という田村氏の意思がうかがわれる。第五条では、主人の動産である下人（奴婢《ぬひ》）の走り入りを認めない。第六条では、福聚寺の処罪権＝裁判権が否定されている。

隆顕のこの掟書が、福聚寺の従来から保持した聖域的不可侵性（アジール）を大きく制限するものとして出されたことは明らかであろう。

それから二十五年たった天正十年（一五八二）二月、隆顕の子清顕が福聚寺に出した三か条の掟書を見てみよう。第二条は隆顕掟書第九条の「不行儀」の者を置くべからずとした趣旨と同じであり、

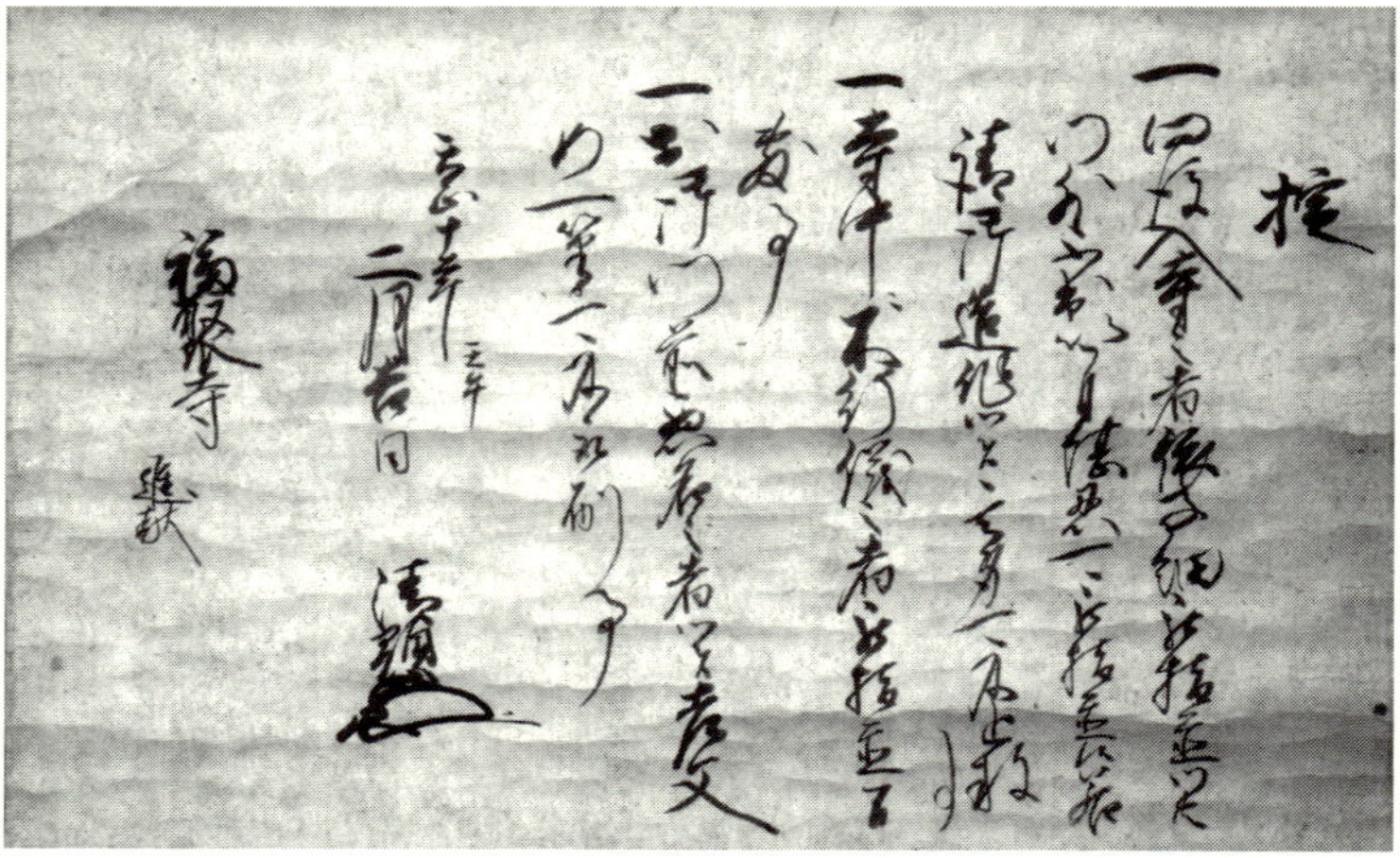

田村清顕掟書　福島県三春町・福聚寺蔵　画像提供：三春町歴史民俗資料館

第三条は隆顕掟書第六条と同趣旨である。第一条には、入寺の者を寺内に置く場合も、門外に出さず、費用自弁で置くこと、さもなくば追放、とある。隆顕掟書の第二条はさらに厳しく改められ、「入寺」の意味は事実上否定される形となったのである。福聚寺の聖域的治外法権は、事実上否定・停止されたのに近いものとなった。

ところが、この福聚寺あて掟書と同日付でほぼ同じ内容の清顕掟書が田村領守山の大元帥明王学頭坊あてに出されていた。しかも、その第三条に「老父一筆のごとく」処分するという文言がみえるのによれば、弘治三年の隆顕の掟書は守山大元帥明王にも出されていたのである。

隆顕・清顕二代の寺院掟書は、三春福聚寺と守山大元帥明王の二大名刹に出されていた。三春山中《さんちゅう》に移された大元帥明王にも二代の掟書が出されていた可能が考えられる。それらは、田村氏の戦国大名権力の確立を示すものにほかならない。

　およそ南奥州の名刹としては、会津黒川の興徳寺《こうとくじ》、熱塩加納の示現寺《じげんじ》、磐梯大寺の恵日寺《えにちじ》、湯川《ゆかわ》勝常寺《しょうじょうじ》、高田雀林の法用寺《ほうようじ》、坂下の塔寺《とうでら》、白河では関川寺《かんせんじ》、須賀川城下の長禄寺《ちょうろくじ》、伊達領では東《とう》昌寺《しょうじ》以下の伊達五山、岩城では龍門寺《りゅうもんじ》・禅長寺《ぜんちょうじ》・薬王寺《やくおうじ》・常福寺《じょうふくじ》閼伽井薬師《あかいやくし》に浄土宗如来寺《にょらいじ》・専《せん》称寺《しょうじ》、相馬領には同慶寺《どうけいじ》・歓喜寺《かんきじ》などがあった。これらの寺々には、田村領のような文書が存在しないために事情は確認されない。しかしおそらく、田村領にみられた傾向は各地で現れていたと考えてよい。戦国時代は、宗教の権威の卓越する中世から、世俗権力の確定する近世への移行の時代であった。

6　政略に翻弄された女性と家

天正十四年（一五八六）、白川義親・義広は家中の和知源五郎《わちげんごろう》の名代《みょうだい》（代理人）に三森藤四郎《みもりとうしろう》を決定した。和知大隅守が死去し、その子源五郎がまだ幼く奉公にたえないので、藤四郎を源五郎の姉たけの婿にすえて、源五郎の名代としたのである。

その条件は、「女子相続」なので、藤四郎がたけに対し不都合のあった場合はこれを離縁させ、藤四郎が得た恩賞はたけのものとする。たけの身に万一のことがあれば、大田和右馬助《おおたわ》・塩田《しおだ》信濃守両人に相談して、身内の娘を藤四郎にめあわせる。以上について、義親・義広が三森安芸守（藤四郎の親か）に厳命したのである。なお、たけに万一のことが起きて身内の娘と藤四郎を結婚させた場合も、大隅守後室の生存中は、和知家の万事は後室に任せる、という条件が付された。

封建社会は武士の世であるから、当然、男子優位の社会である。しかしこの場合、婿の藤四郎は、不都合があれば和知家を追い出される不安定な存在である。たけに万一のことが起きれば、和知の身内の娘を藤四郎にめあわせるが、たけの母が万事に実権を握る。藤四郎はまことに弱い存在である。源五郎が幼少で軍役が勤められぬので知行・家財をたけが相続し、藤四郎を婿にとって軍役を勤めさせる、という形である。小糠《こぬか》三合あるなら入婿するな、という言葉がある。その情ない入婿の立場を明確に規定した戦国時代の例である。

次にみる伊達晴宗の娘たちは、「奥州探題」家の息女として、たけより身分は遥かに高いが、親の政略によって結婚させられた自由なき身分であった。祖先から子孫へと守り伝えられるべき「家」のもとで、個人、とりわけ女性は一般に、小さな存在であった。

父稙宗が二十一人の子をもうけたのに対して、晴宗の子は十一人。すべて岩城重隆の娘との間の子である。掠奪婚ともいわれた夫人と晴宗の仲は睦まじかった。

五人の女子の長女は、須賀川城主二階堂盛義に嫁した。輝宗（天文十三年〈一五四四〉生まれ）の姉である彼女は、永禄初年（一五五八〜）のころ二階堂家に入ったものとみられる。会津芦名の脅威のもとで二階堂氏は伊達氏を頼んだのであろう。盛義の母、輝行《てるゆき》夫人は稙宗の娘であった。次女は、晴宗の弟実元に嫁した。叔父と姪の結婚である。三女は一家の小梁川盛宗（泥蟠斎）に嫁した。

四女は永禄九年（一五六六）、芦名盛興に嫁した。すでに伊達家は輝宗の世であり、輝宗と芦名盛氏・盛興父子との同盟締結の証しとして彼女は輝宗の息女として会津に入ったのである。五女は常陸の佐竹義重に嫁した（第一部8）。義重との間に元亀元年（一五七〇）、

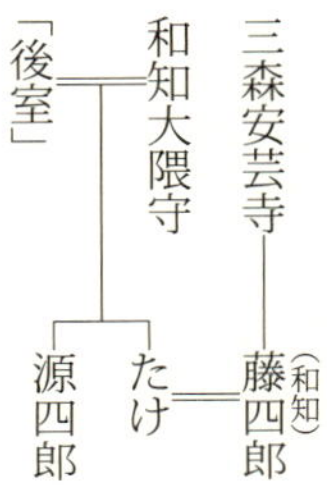

三森家・和知家関係系図

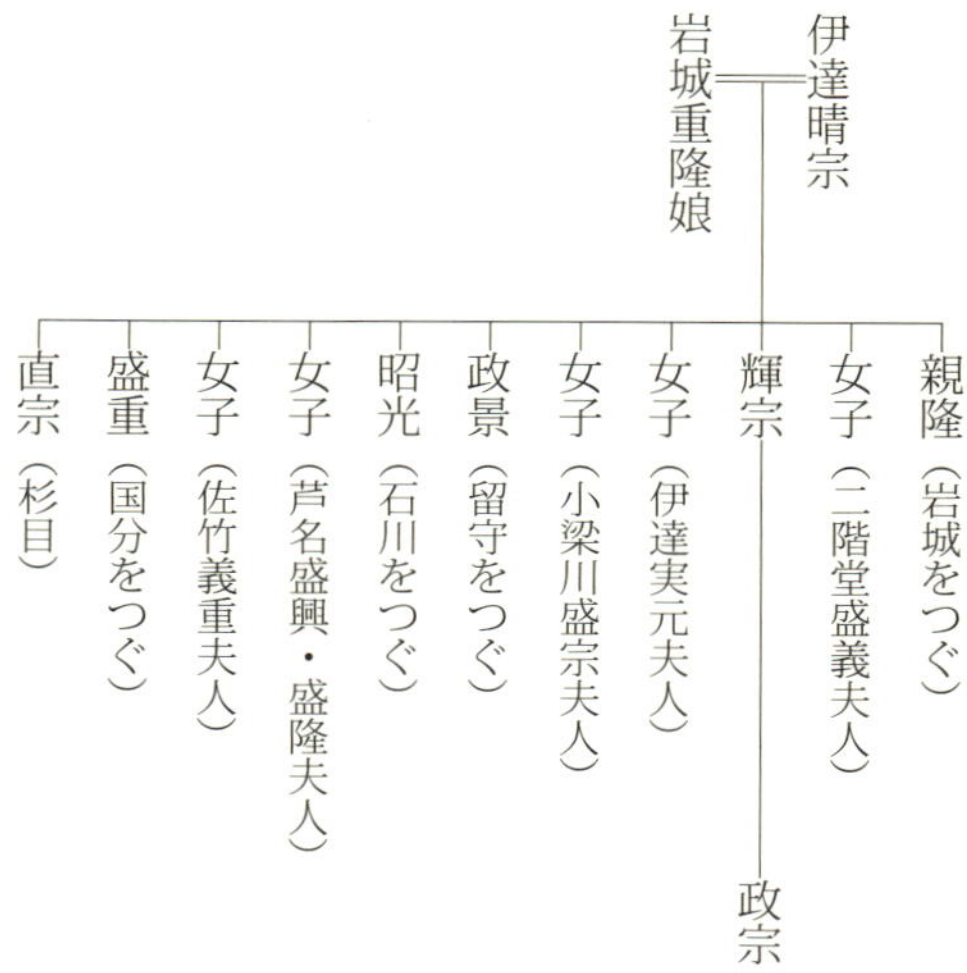

伊達晴宗の子供たち

芦名盛興の墓　福島県会津若松市・花見ヶ森廟所

長男義宣《よしのぶ》が生まれる。

芦名・二階堂・佐竹に嫁した彼女たちは、その後、政宗が当主となった実家伊達と婚家との厳しい敵対抗争に苦しむことになる。天正二年（一五七四）、芦名盛興が酒毒（アルコール中毒）で死去した。父盛氏は、会津に人質として来ていた二階堂盛隆を芦名家督にすえ、盛興夫人をめあわせた。当年、盛隆は十四歳（または二十四歳）で、夫人は二十三、四歳であった。盛隆が盛義夫人の実子とすれば、甥と叔母の結婚である。その盛隆は天正十二年、寵臣に殺される。盛隆との間に生まれた亀若丸は、翌々年に三歳で死亡した。翌十五年、佐竹義重の次男白川義広（十三歳）が会津に入嗣し、盛隆の娘（実は盛興の娘）と結婚した。天正十七年六月、義広は政宗に大敗して常陸に走り、会津芦名家は滅亡するが、盛隆後室はその前年に苦難のなかで生涯を閉じていた。

盛義死後、夫人が当主となっていた須賀川二階堂もまた、芦名滅亡の四か月後、政宗の攻撃で滅亡した。彼女は、いったんは母晴宗夫人の杉目（福島市）に送還されたのち、娘婿の岩城常隆のもとをへて、妹のいる佐竹家に庇護されたが、佐竹が秋田に移るに及んで須賀川に帰り、長禄寺で亡くなった。慶長七年（一六〇二）、四十二歳という。

義重夫人は秀吉の世には京都、家康の世となって江戸に移り、八十一歳の天寿を全うして寛永八年（一六三一）に死去した。

7　神の祭り、寺の教育、大名・武士の修養と研鑽

中世の会津には、もと七つの大社があった。耶麻郡新宮の熊野宮（福島県喜多方市）と磐梯《ばんだい》明神（同猪苗代町）、会津郡の蚕養国《こがいくに》神社と八角《やすみ》神社および羽黒神社（以上、同会津若松市）、大沼郡の伊佐須美神社（同会津美里町）、河沼郡の塔寺八幡宮（同会津坂下町）がそれである。鎌倉末期、これに門田庄の諏訪社（会津若松市）が加えられた。

新宮の熊野宮は、源義家《よしいえ》が後三年の役後の寛治《かんじ》三年（一〇八九）に造営成就したと伝える古社で、本殿手前に建つ長床《ながとこ》（国重要文化財）は、鎌倉初期の様式を示している。「新宮雑葉記《しんぐうざつようき》」には、熊野宮の大祭が六月十五日より二十五日まで行われ、奏舞楽、笠懸《かさがけ》（遠距離の騎射）、流鏑馬《やぶさめ》（直線の馬場を馳せ三的を射る）、相撲《すまい》、田楽《でんがく》が催されたことを記している。天文十五年（一五四六）の記録によれば、表にみるように田楽と相撲はこの宮を鎮守とする磐梯山以西の耶麻郡の村々が担当した。現在の喜多方市・西会津町に属する村々である。阿賀川以南の門田（会津若松市）がみえるのは、かつて新宮氏が芦名氏のために滅ぼされ、新宮の民家を芦名の本拠の門田の地に移したことによるという。この相撲で勝つこと十五番に及んだ村は、村名を熊野宮によって改めたと

いう。能力村の名がそれである。一切経村ものちに万力村とよばれる（かつてとの説もある）。一郡の鎮守とよばれる大社の祭礼に村々をあげて参加するようすが如実にうかがわれる。「興行」とは本来、社寺の隆盛それ自体を目的としたのである。

近世江戸時代には、寺子屋《てらこや》とよばれる教育施設が各地におかれた。世俗の施設がこのようによばれたのは、中世に子弟教育が寺で行われたことの名ごりである。牛若丸《うしわかまる》のちの義経《よしつね》が鞍馬寺《くらまでら》に住んだのは、伝えにいう天狗《てんぐ》に武術を習うことよりも、本来は学問を磨くためであった。

いわき市常磐の長谷寺《はせでら》の十一面観音は先年の修理の際に胎内銘《たいないめい》が発見され、鎌倉期の文保《ぶんぽう》二年（一三一八）、父母の冥福を祈る大阿闍梨頼賢《おおあじゃりらいけん》その他の人々が造立したことがわかった。そのなかに「現在児　虎若殿、施無畏丸、万寿丸、菊一丸、愛一丸、愛松丸、袈裟一丸、鬼若丸、辰法師丸」の名がみえ、また「房童惣十五

相撲奉納の村			田楽奉納の村	
	左	右		
1番	松野	貝沼	1番	神尾
2番	藤沢	西大木	2番	貝沼
3番	奥川	一切経	3番	加納
4番	長尾	東原	4番	大木
5番	髙吉	東大木	5番	赤伏
6番	綾金	西大木	6番	鎧目
7番	荒分	赤伏	7番	荒分
8番	髙木	鎧目	8番	中村・一ノ関
9番	髙木	荒分	9番	綾金
10番	能力	荒分	10番	太郎丸
11番	能力	東長尾	11番	髙木
12番	経徳	一ノ堰	12番	をふせ
13番	経徳	加納	13番	長尾
14番	門田	加納	14番	東原
15番	門田	加納	15番	門田

「新宮雑葉記」天文15年（1546）の記録にみえる田楽と相撲

人」とある。長谷寺に十五人の児童（稚児《ちご》）が学んでいたことが知られよう。銘文にみえる隆泰《たかやす》・隆《たか》時《とき》・隆綱《たかつな》など、岩城氏の通字の「隆」が用いられているのによれば、これらの児童も岩城一族の子弟であることは疑いがない。

慈覚大師円仁《じかくだいしえんにん》の開山と伝える伊達郡の霊山寺《りょうぜんじ》は、もと霊山の頂上にあり、南北朝の初め、国司北《きた》畠顕家《ばたけあきいえ》が義良親王《のりよししんのう》を奉じてここに拠った。のち戦火にあい、戦国期までにふもとの大石に移り、学《がく》頭坊《とうぼう》・院主坊《いんしゅぼう》以下の十二坊を擁したという。

霊山寺の棟札写は一枚の断片のほか、応永八年（一四〇一）、天正七年（一五七九）、同十二年の三枚が知られる。応永の写には、千代松丸・増猿丸・大松丸など十四人の児童がみえ、「当山若人々」と記される。天正七年の写にも、猿若丸・菊猿丸・竹猿丸以下十四人の児童がみえる。天正十二年三月の写には「当郡惣領藤原朝臣輝宗、同子息政宗」がみえ、「大檀那遠藤山城、同子息千熊丸」とある。宿老遠藤基信が霊山寺の大檀那となっていることが知られる。千熊丸は子息宗信《むねのぶ》の幼名であろう。ここには猿松丸・竹千代丸・卯之丸・美濃千代丸ら十七人の児童がみえる。伊達一族、家臣の子弟であろう。かれらは、棟札にみえる「学頭房《がくとうぼう》」のもとで勉学し修行に励んだのである。

寺院は祖先をまつる信仰の場であり、また子弟の人間形成の重要な場であった。さらに成人したのちも、大名・武士たちは禅僧らを師として修養と研鑽に励んだのである。

第五部　政宗の飛躍と戦国の終焉

1　独眼龍政宗の緒戦となった小手森と人取橋

南奥州の戦国の大詰めは、伊達政宗家督相続の翌天正十三年（一五八五）から同十七年までの五年間がこれにあたる。その間に政宗は、敵対勢力の会津芦名、岩瀬二階堂を攻め滅ぼし、白川・石川を服属させ、常陸から進出していた佐竹を仙道（中通り）から排除して、南奥州を制覇するのである。

政宗は永禄十年（一五六七）、伊達輝宗と最上義定の娘義姫（保春院）の長男として米沢城に生まれた。その誕生にまつわる伝説がある。義姫が行者長海上人《ぎょうじゃちょうかいしょうにん》に命じて、文武忠孝の誉ある男子の誕生を湯殿山《ゆどのさん》に祈らせた。祈願後、長海は湯殿山の湯に浸した梵天《ぼんてん》（幣束《へいそく》）を持ち帰り、義姫の寝所の棟に安置させた。ある夜、白髪の僧が義姫の夢枕に立ち、梵天を授け、これを胎育せよと告げた。この瑞《ずい》夢《む》によって義姫は懐胎し、政宗を生んだ。政宗の幼名が梵天丸《ぼんてんまる》とつけられたのによれば、これは確かな伝説とみてよいだろう。

幼時、政宗は天然痘《てんねんとう》で右眼を失明した。独眼の意識は終生彼から離れなかったが、少年期にそれは激しい劣等感として現れた。この政宗に対して、中国古代の勇将で「独眼龍《どくがんりゅう》」とよばれた李克用《りこくよう》の故事を教訓して、独眼の劣等感を強烈な勇将の自覚へと転化させた人こそ、その師虎哉宗乙《こさいそういつ》であった。

李克用の軍隊は黒衣で統一されたために鴉軍《あぐん》とよばれた。政宗の軍勢が彼の家督相続直後にすでに黒具足で統一されていたことは、天正十三年の人取橋《ひととりばし》合戦に着用した彼の黒具足によって確実である。天正十四年に「龍納《りゅうのう》」の印文の朱印が用いられるのをはじめ、政宗の印判には龍の字がいくつか現れる。「独眼龍」とよばれる以前に、政宗はみずからを独眼龍とする積極的な自己認識をはっきりと確立したのである。

重要文化財 黒漆五枚胴具足　伊達政宗所用　仙台市博物館蔵

天正五年、彼は元服して藤次郎《とうじろう》政宗と名のる。十一代持宗《もちむね》以来、伊達歴代の主は足利将軍の一字を戴いてきたが、将軍権威の失墜のなかで、伊達中興の主、九代政宗の名がここに襲名された。同七年、三春城主田村清顕の一人娘愛姫《めごひめ》と結婚。同十二年、伊達七代の家督を相続した。輝宗四十一歳の隠居は、盛隆死後の芦名家督相続をめぐる佐竹との競り合いに失敗したことが原因であるが、政宗の非凡

伊達政宗画像　東京大学史料編纂所蔵模写

政宗「龍納」の印判

を見抜いての安んじての隠退であった。

政宗の政策は〃図南〃（南を図る。南進）である。主敵は芦名・佐竹連合であった。相続の翌年、早速芦名領の桧原を攻め、以後、後藤信康《ごとうのぶやす》を在番させた。

この年閏八月には、芦名方に変わった安達郡塩松《しおのまつ》（東安達）の大内定綱《おおうちさだつな》の小手森《おでもり》城（福島県二本松市）を攻陥した。政宗初めての大戦《おおいく》さである。落城の即日、彼は山形城主最上義光にあてた書状に、五〇〇余人を討ち取り、女子供ふくめて一一〇〇余人、犬までも撫《な》で斬《ぎ》りにした、と話した。油断のならぬ伯父（母の兄）に対するデモンストレーションである。城に避難した非戦闘員をも皆殺しにする戦さの残忍さを如実にうかがわせる。

義光あてのこの書状のなかで、政宗は「この上は須賀川まで打ち出で、関東中も手安《たやす》く候」と述べている。須賀川は二階堂氏の居城の地であるとともに、常陸から進出した佐竹義重の奥州の根拠地であった。須賀川の佐竹を排除して関東に侵攻する意図が、この緒戦段階ですでに明示されているのである。

十一月十七日には、安達郡の人取橋・観音堂で佐竹・芦名の連合軍と会戦をまじえた。その前月に輝宗は、服属の礼に塩松の陣中を訪れた二本松城主畠山義継のために不覚にして拉致され、阿武隈河畔の高田原（栗の須）で伊達軍の銃撃により義継もろ共に討たれた。父のあだ討ちとして政宗が二本松城（二本松市）を攻めるのに対して、これを救援すべく北進した佐竹・芦名・岩城・白川・石川等の連合軍三万五〇〇〇が、人取橋（福島県本宮市）付近で伊達軍七八〇〇と激突したのが人取橋・観音堂の合戦である。

無勢な伊達軍は、伊達成実《しげざね》（晴宗の弟実元の子）の力戦などで連合軍をくい止めた。直後、佐竹の軍師が下僕に殺される事故が起き、また、佐竹の本領が江戸氏に脅かされるとの通報が入ったため、連合軍は一日で戦闘をやめて引き揚げた。

政宗は天正十三年の暮、大内定綱の去った安達郡小浜《おばま》城（二本松市）で越年する。この年十月、遠藤基信は主君輝宗に殉死した。

2 郡山で佐竹氏と激突、三春仕置で田村氏を傘下に

天正十四年（一五八六）七月、伊達政宗が二本松城を無血開城した。中人《ちゅうにん》（調停者）は相馬義胤《そうまよしたね》である。伊達家方の伊達実元・亘理元宗・白石宗実も中人に加わった。約束に従って二本松城は実城《みじょう》（本曲輪《ほんぐるわ》など）が畠山方の手で放火されたのみで、城下町は無事であった。南北朝以来の名門二本松畠山氏はここに滅亡した。

二本松城は、小浜城についで政宗が攻め取った大名・郡主クラスの居城であった。この名城に政宗はまず片倉景綱をすえ、ひと月たった九月には伊達成実をその本領の信夫郡大森（福島市）から二本松に移し、入れ代わりに景綱を大森城主とした。南進策を採る伊達氏の新しい南境の要城に祖父晴宗の弟実元の子成実を置き、他方、米沢から馬で一日行程で連絡する出撃基地大森に宿老景綱を置き、これとの連絡の緊密を図るという考えである。自分より一歳年少ながら目上ともいうべき五郎成実と、幼少の梵天丸のころ以来、そば近くに仕えてきた十歳年長の直臣小十郎景綱と、このふたりの処遇の均衡に政宗はこの後も気を遣うのである。

塩松の宮森城《みやもりじょう》（二本松市）は白石宗実に与えられ、宗実は刈田郡白石からここに移る。九月と十一

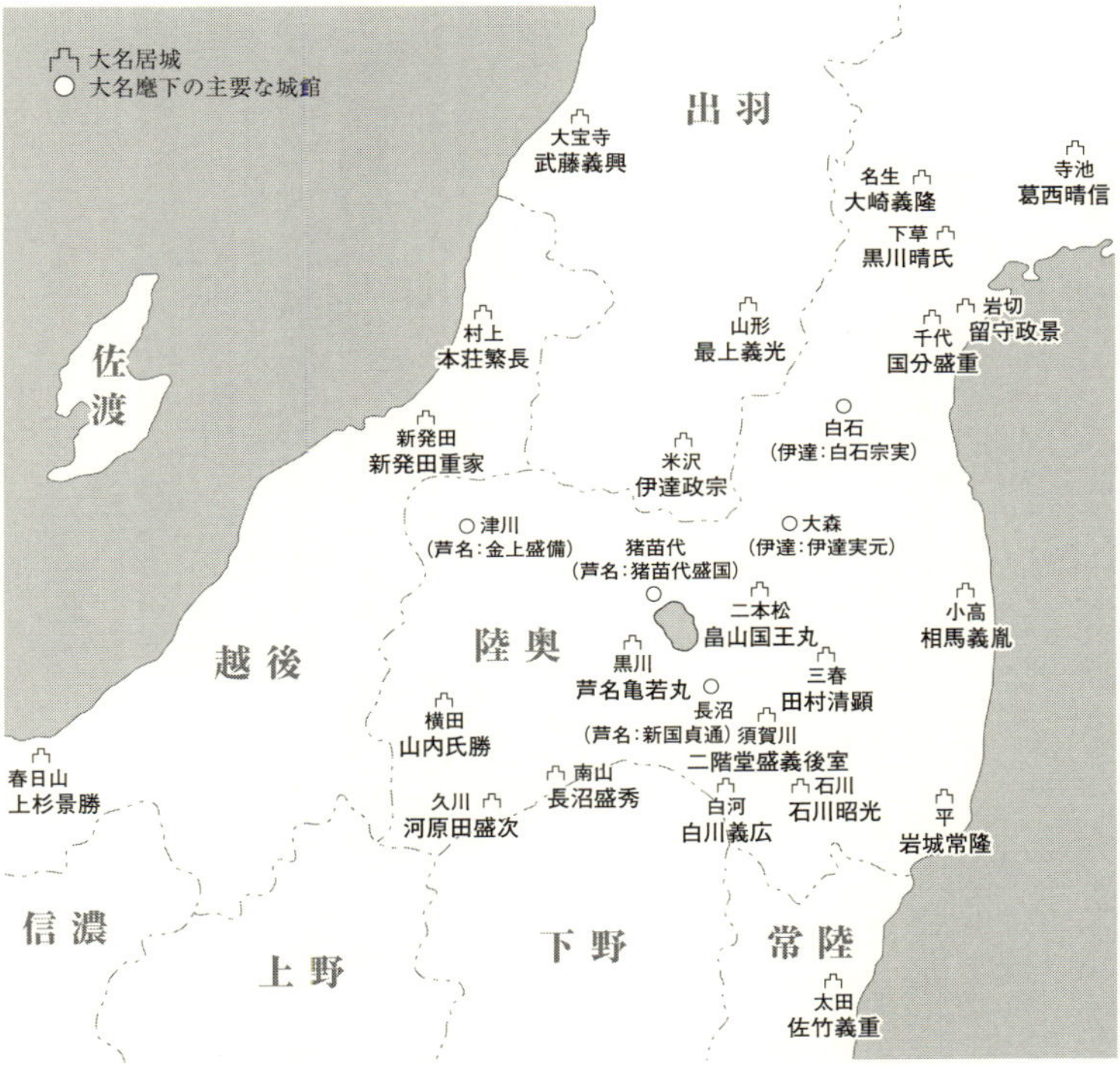

図１　戦国時代南奥の諸勢力と城館（天正 14 年 5 月頃）　図録『伊達氏と上杉氏』（米沢市上杉博物館）掲載図をもとに作成

月には、二本松攻めに際して伊達方に内応した畠山家臣たちが論功行賞をうけている。

こうして、伊達氏南進の第一段階が一段落した。翌年夏のころ、政宗は成実に安達郡南境に砦城《とりでじろ》を構えること、百姓に憐れみを加えることを指令している。

天正十六年春、主君大崎義《おおさきよし》隆《たか》と対立する岩手山《いわでやま》城主氏家《うじいえ》吉継《よしつぐ》の頼みを受けて留守政景以下の軍を派遣したが、策戦は失敗して五〇〇〇の兵が志田郡新沼《にいぬま》城（宮城県大崎市）

黒漆五枚胴具足　伊達成実所用　北海道伊達市教育委員会蔵

に籠城し、その後ようやく脱出するという苦戦を強いられた。塩松から会津に走った大内定綱が、このすきを衝いて安達郡苗代田《なわしろだ》（福島県本宮市）に来襲し、古城に籠もっていた百姓を含め一〇〇人を討ち果たしたほか、合戦が続いた。四月には再び人取橋・観音堂で芦名等の軍と伊達軍との合戦が行われた。

五月、米沢城から大森に出馬した政宗は、相馬方に転じた石川弾正の小手森城を落とした。二度目の小手森城合戦である。同じころ、相馬義胤は三春城乗っ取りを計画して果たさずに敗退した。関五月二十一日、宮森城に在陣する政宗のもとに田村家中の田村宮内《くない》が参上、捕獲した相馬家伝来の陣貝《じんがい》を献上した。陣貝は、戦国武家の武威の象徴ともいうべきものである。感激した政宗は宮内に太刀を与え、貝吹きの弥右衛門に命じて伊達の陣貝と相馬の陣貝を吹き比べさせた。ホラの吹き比べである。

六月から七月、佐竹義重・芦名義広父子と政宗の合戦が、安積郡の郡山で続いた。佐竹・芦名軍四〇〇〇、伊達は大崎・相馬その他の戦線に人数を置いたために六〇〇という劣勢であったが、結果は互角の講和となった。中人は岩城常隆と石川昭光《あきみつ》である。同時に、大崎・最上との講和も成立した。

この一時期、伊達の敵は相馬にしぼられた。八、九月のころ政宗は四十日にわたって三春に滞在し、田村領の仕置に当たった。田村清顕後室（相馬盛胤の妹）以下の親相馬勢力を排除し、清顕の甥孫七郎《まごしちろう》に一字を与えて宗顕《むねあき》と名のらせ、三春城主にすえた。田村家はこうして伊達氏のもとに編成された。

滞在中に政宗は、幾度も隆顕後室（伊達稙宗の娘）のもとを訪れている。子息清顕が死んでから二年に近く、清顕夫人との不和に悩んだ彼女は、政宗あての手紙のなかで、清顕夫人が清顕の命を奪ったこと、清顕の位牌を削ったことなどを訴えて、甥の政宗の三春出馬を要請していたのである。

三春の諸所を訪ね、また能や乱舞をも楽しんで戦塵を落した政宗は、九月半ばすぎ、五か月ぶりに米沢に帰還する。奥羽の諸家を巡り、最上義光の山形城をへて、秀吉の使者金山宗洗《かなやまそうせん》が米沢を訪れたのは、その後まもないころであった。宗洗が伝達したのは、即時停戦と関白への出仕を促す「関東奥両国惣無事令《そうぶじれい》」である。この年七月の停戦も、実は関白惣事令の影響のもとに実現したものであった。天下人秀吉の威令は、ようやく南奥州の地にも及んできたのである。

3 磐梯山ろくの決戦で芦名を撃退、会津が勢力下に

秀吉の惣無事令が伝達された天正十六年（一五八八）、南奥州はいったん平和情況に入ったが、翌十七年に再び戦乱の情況に復した。それは、奥州の戦国の大詰めともいうべき最後の大合戦の年となる。

この年、岩城・相馬が連携して田村の南東境に侵攻した。伊達方は田村勢と共にこれに対抗しつつ、五月、安子《あこ》が島《しま》と高玉《たかたま》城（福島県郡山市）を攻陥して佐竹・芦名を牽制し、馬を返して相馬義胤背後の宇多郡駒《こま》が嶺《みね》・新地《しんち》両城（同新地町）を攻陥した。

相馬・岩城を牽制し、また佐竹・芦名の行動が仙道（中通り）に集中しているなかで、政宗は軍を猪苗代に進め、一気に会津を衝く策戦を立てた。伊達方の動きを察した芦名義広（佐竹義重の次男）もまた急きょ会津黒川城に戻り、陣容を整えて猪苗代を目指した。

六月五日朝、磐梯山ろく磨上原《すりあげはら》（摺上原。福島県磐梯町・猪苗代町）で芦名軍一万六〇〇〇と伊達軍二万三〇〇〇が激突した。ときに義広は十五歳、政宗二十三歳であった。

伊達勢は、内応した猪苗代盛国《もりくに》を先手に立て、二番片倉景綱、三番伊達成実、四番白石宗実、五番

猪苗代から磐梯山を望む

旗本、六番浜田景隆。前年来、再び伊達に従った大内定綱・片平親綱《かたひらちかつな》兄弟が左手・右手を勤めた。対する芦名勢は、義広はじめ一家金上・針生、四天宿老富田・佐瀬・平田・松本以下に佐竹勢が加わって備を堅めた。

　磨上をこえて進んだ芦名勢が伊達方の先手・二番を崩しかけたとき、伊達方の三番・四番が真一文字に突進して芦名勢に迫ったが、義広の旗本がこれを退けた。この間、政宗の下知を受けたもと芦名家中の太郎丸掃部《たろうまるかもん》が鉄砲二〇〇挺のつるべ撃ちで芦名軍を横から撃ちくずした。戦が旗本同士の決戦となったころ、風が西から東に変わって形勢は逆転した。退却した芦名勢は、日橋川《にっぱしがわ》を渡ろうとして多勢が溺死した。盛国があらかじめ橋を引き落としていたのである。

五輪塔　猪苗代盛胤の遺徳を偲んで明暦4年（1658）7月5日、臼井平右衛門が願主となって建立された。盛胤は父盛国が伊達氏に内応しようとした際、たびたび盛国を諫めた　福島県猪苗代町

この日、政宗は郡山城主郡山摂津守・太郎右衛門頼祐《よりすけ》父子にあてた書状に「金上・針生を始めとし馬上三百騎、足軽共ニ二千余討取、彼の口隙《ひま》を明け候」と記した。討ち取った首などを埋めた塚は三千塚とよばれた、と「伊達治家記録」にみえる。

六月十日夜、芦名義広は白河に走り、のち常陸佐竹家に帰った。十一日、政宗以下が黒川城（福島県会津若松市）に入った。大沼郡金山谷の山内横田氏、南会津の伊南では河原田氏がそれぞれ抵抗を続け、石田《いしだ》三成《みつなり》・上杉景勝《かげかつ》の激励を受けて翌年の奥羽仕置まで持ちこたえたが、小川庄（新潟県阿賀町）の金上盛実《もりざね》はまもなく伊達方に従った。会津のほぼ一円が伊達の勢力下に入ったのである。政宗の母保春院（最上氏）、夫人愛姫（田村）、弟小次郎、かつての政宗の保母喜多（少納言。片倉景綱の姉）たちが米沢から桧原を越えて黒川に移った。諸寺の僧たちも移って、伊達政宗の居城と城下は米沢から黒川に移された。

このころ「町組鉄砲」が南会津の布沢《ふざわ》（福島県只見町）などに派遣されているのによれば、米沢城下の町人の鉄砲衆も黒川に移ったとみられるが、米沢城下の町々が町ぐるみで会津に移された形跡はみられない。芦名以来の黒川の町人衆は、商人頭簗田《やなだ》以下が従来の特権を許されて、伊達氏のもとで商業活動を行ったのである。

この年十月、政宗は須賀川城を攻陥して二階堂氏を滅亡させる。策戦は、あらかじめ保土原《ほどはら》・箭部《やべ》・浜尾《はまお》などの重臣たちを内応させ、まず属城を落とし、最後に本城須賀川を一挙に陥落させるという手順で進められた。政宗の伯母に当たる二階堂盛義後室は、夫の亡きあと須賀川城を守ってきたが、甥のために滅亡の憂き目をみることとなったのである。

これと前後して、白川義親・石川昭光が伊達方に服した。佐竹義重・義宣父子は仙道から排除され、辛くも高野郡（東白川郡）南郷を領有する状態となる。

佐竹勢力を奥州から完全に駆逐し、さらに関東に進出するという目標が、ついに現実のものとなったのである。ともに携えて佐竹を挟撃する立場にある小田原北条とは、天正十四年春以来連合関係に入り、十六年以後その関係は緊密さを増していた。天正十八年三月、政宗が塔寺に出した証文には、小田原への脚力《きゃくりき》（飛脚）を年に五度立てることが命じられている。

4　無類の筆まめだった政宗の文書と花押

歴史を調べるには、史料（歴史の資料）という証拠によらねばならない。第一等の史料は当時・同時代の史料、とくに当事者や関係者の書状・日記、あるいは掟書などで、これらの文書・記録は根本史料とよばれる。後になって編さんされたものは信頼性が弱まり、価値が下がる。この本で述べることも根本史料を基本とし、たりない点を「伊達治家記録」など江戸時代の良質な編さん物で補うのを原則としている。

戦国期南奥州の文書の例として、伊達政宗の書状を紹介しよう。ここでは、政宗が伊達の当主として本格的に活躍を始める十九歳の天正十三年（一五八五）から、本領伊達・信夫・米沢以下を失い、大崎・葛西領を与えられて玉造郡岩出山城に移る天正十九年までを対象とする。以下に述べることは、『仙台市史・伊達政宗文書Ⅰ』（一九九四年）による政宗文書の悉皆収集のおかげで、初めて考えることができるようになったものである。

この青年期の七年間に政宗が出した書状は六五九通が知られる（※以下、いずれも二〇〇四年段階。編集部補註）。このうち、他家の大名らあては十四通、他家の家臣あてが七十四通。天正十七年末以後、豊臣麾下の大名・近臣あての二十五通が現れる。残る約五五〇通が伊達家臣あての書状となる。肉親あての書状は、この時期にはみえない。

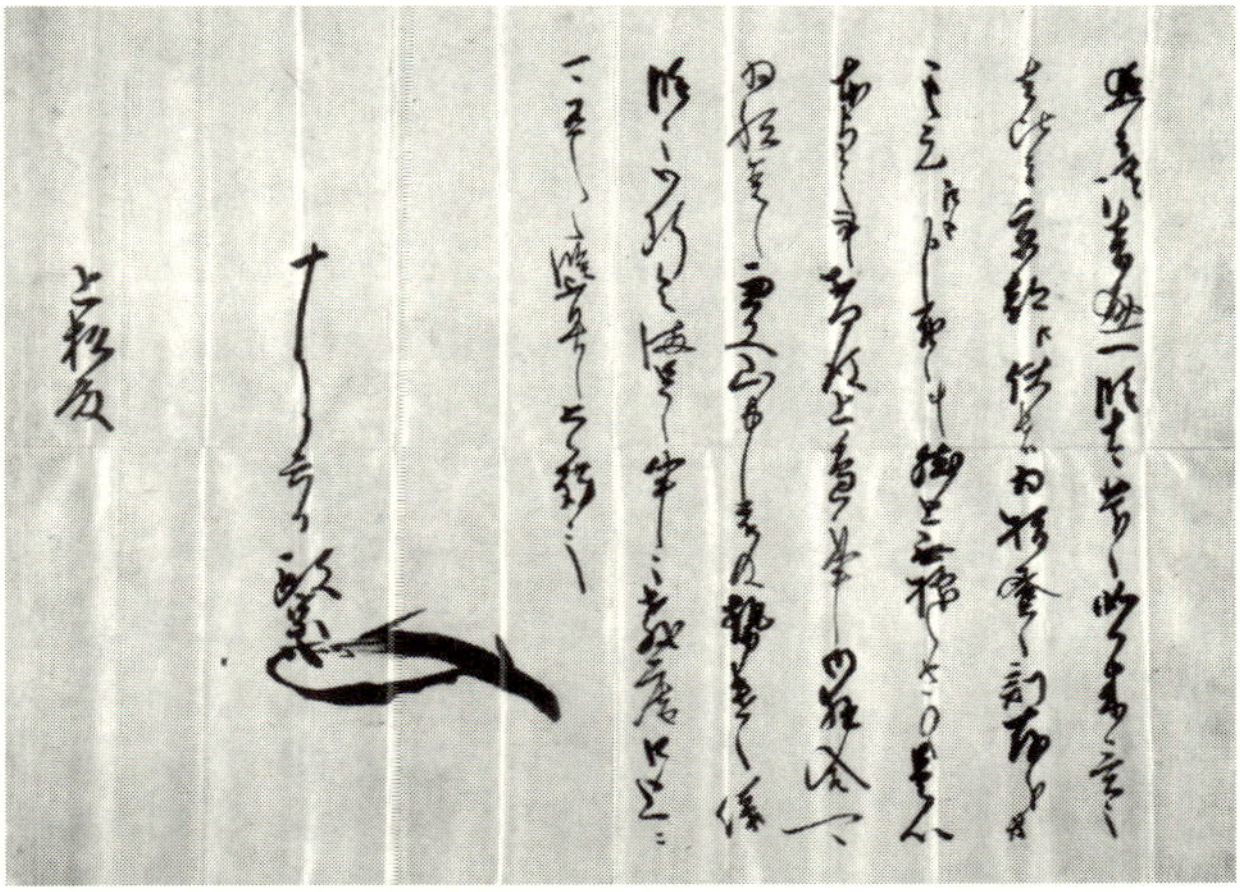

（天正 17 年）10 月 6 日付け伊達政宗書状　米沢市上杉博物館蔵

他家の大名・家臣および伊達家臣の親類・一家・一族・外様という家格の人々には、政宗は書状本文の末尾に「恐々謹言《きょうきょうきんげん》」という書止め文言を用いた。直臣・平士あてには「謹言」である。宛書は、他家の大名などへは「上杉殿」「白川殿」と名字のみを書いて殿を付けた。他家の家臣には「白土右馬助殿」（岩城臣）、「橋本左馬介殿」（田村臣）と官名・通称を付した。名字のみの宛書のほうが厚礼である。折り入った場合には「謹上岩城殿」としたが、より丁重とされる「進上」を政宗は用いなかった。

伊達家臣あては、一家衆には「石母田（景頭）左衛門尉殿」などとすることもあるが、多くは「白石」（白石右衛門宗実）、「片小」（片倉小十郎景綱）の略式である。親類衆の伊達成実あては「五郎殿」で、殿の敬称が必ず付された。

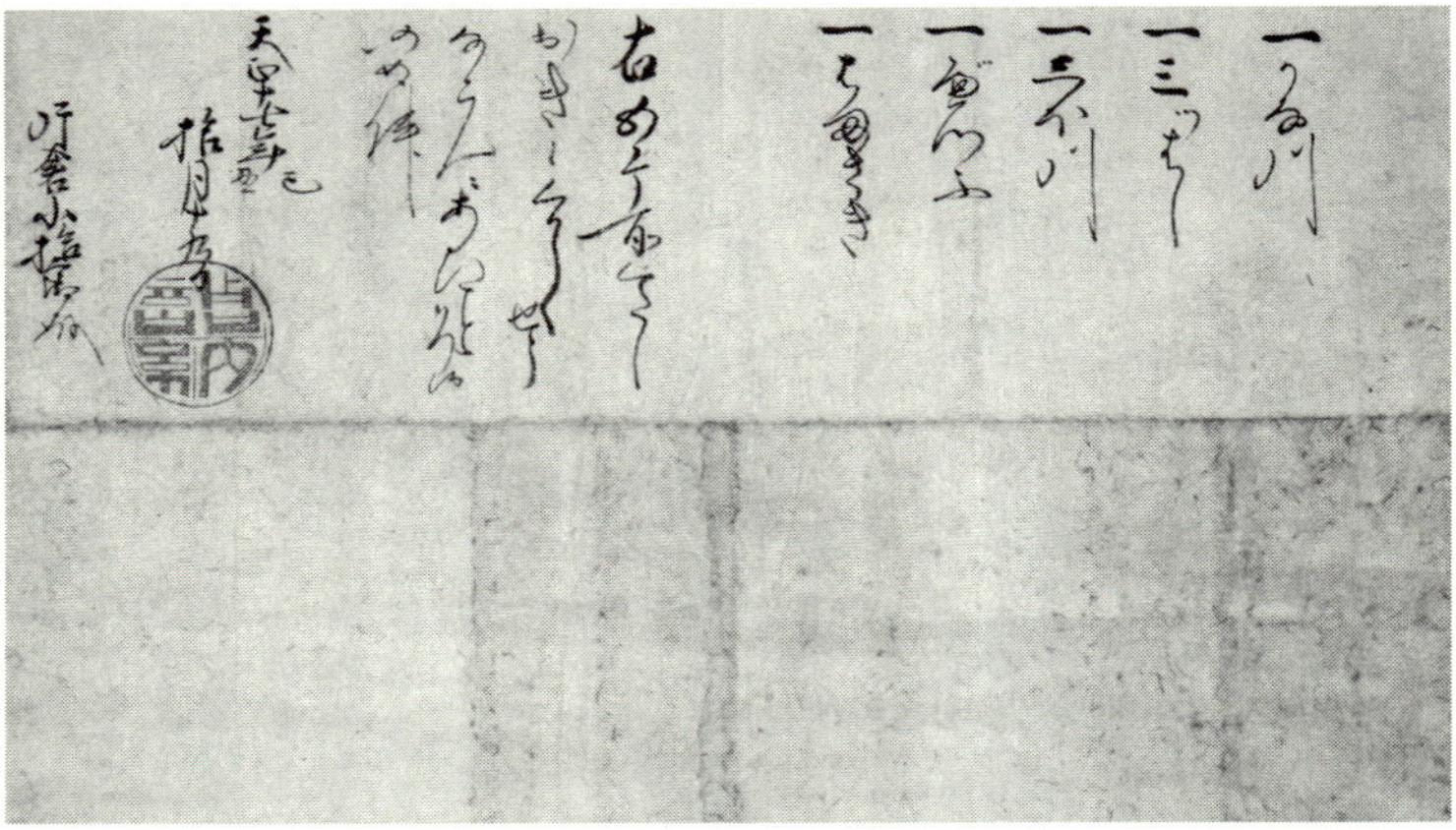

天正17年10月19日付け片倉小十郎宛て伊達政宗知行宛行状　慶應義塾図書館蔵

豊臣秀吉は、少将《しょうしょう》任官以前の筑前守《ちくぜんのかみ》を称したころ他家大名あてに「恐惶謹言《きょうこうきんげん》」という書止め文言を用いた。上杉景勝は家臣に一律に「謹言」を用いた。政宗の書止め文言は、他家に対しては筑前守時代の秀吉より薄礼で、家中には景勝より厚礼である。

さて、この期間の政宗書状で筆跡の判明するものは三三〇通（その他は写しなどで、本来の筆跡が不明）で、そのうち半数以上が自筆である。秀吉の自筆書状は七十通ほどで、知られる秀吉書状三六〇〇の二％にすぎず、信長の自筆書状はほとんど知られない。近世大名は、江戸参勤の期間に国もとにしばしば自筆書状を出すようになるが、戦国大名が自筆書状を書くことは多くなかった。そのなかで政宗は異例といえる。

政宗の自筆書状は軍事・政事の指令に関するものが多い。書状とくに自筆書状によって、領国内の諸城や戦線にある家臣たちに指令を下し、意志疎通を図ったのである。

平安・鎌倉期以降、公家や武士は花押《かおう》（書判《かきはん》）とよばれるサインを用いた。秀吉は生涯一貫して一つの花押を用い、一つの朱印を通した。まさに異例といえる。政宗の場合は、他家あて書状と家臣への知行宛行状などの公用文書には公用花押を用い、家臣あての書状には非公用花押を用いた。その非公用花押は、天正十四年から十七年までの間に十二型という著しい変化をみせている。機密保持のためとみられる。政宗にとって戦国期がいかに緊張の連続であったかという事実を、花押の変化によってもうかがうことができよう。日付のほかに時刻を入れる刻付け状も多く、緊迫感が伝わる。

政宗の自筆書状は、普通は漢字書きだが、片倉景綱・鬼庭《（茂庭）》綱元など子飼いの臣に対しては仮名交じりの自筆状が出された。景綱には所領宛行の印判状にさえも仮名交じりの自筆状が用いられた。ここに掲げる金川・三橋・塩川などを与えた朱印状がその例である。

政宗は無類の筆まめであり、気配りの人であった。連戦連勝と所領拡大には、これが大きく影響している。筆跡は、めりはりの効いた雄勁《ゆうけい》な達筆である。

5 小田原参陣、秀吉に対する三度の危機

天正十八年（一五九〇）三月一日、関白秀吉は、惣無事令に背いて真田《さなだ》領の上野国名胡桃《なぐるみ》城（群馬県みなかみ町）を攻め取った小田原北条氏を討つべく京都を出発した。同二十九日、北条氏が不落と頼んだ伊豆山中《いずやまなか》城（静岡県三島市）を一日で攻め落とし、四月一日には小田原を指呼《しこ》の間に望む箱根山に陣を進めた。

北条は戦さで攻め滅ぼすが、奥羽の諸大名は小田原に参候させて戦わずして従えよう、というのが秀吉の方針であった。その最大の標的は伊達政宗である。

政宗が秀吉に初めて使者を出したのは、天正十五年秋であった。翌年三月、その使が米沢に帰着した。のち、米沢と京都との連絡はようやく頻繁になる。伊達家臣のほか、修験の良覚院栄真《りょうかくいんえいしん》・蓮華《れんげ》坊《ぼう》、さらに元悦などが使者を勤めた。京都からは伴清三郎・金山宗洗斎・坂東屋道有らが、それぞれ数度米沢を訪れる。十七年三月、政宗は伴に秀吉への進物として目赤鶴取の鷹を遣わしている。

天正十七年の磨上原合戦は、前年に伝達された惣無事令に明らかに違反するものであった。黒川入城後まもない六月十六日、政宗は芦名討滅のことを弁明する自筆書状を携えた良覚院を上洛させ、前《まえ》

田《だ》利家《としいえ》らを介して秀吉に上申した。秀吉方の問責状は七月十日ころに会津に届いていた。以後、政宗上洛弁明を要求する秀吉方と政宗との間を幾度かそれぞれの使者が往復したが、秀吉の北条攻めによって問題は上洛から小田原参陣へと転換する。

三月下旬、伊達成実の主戦論、片倉景綱の参陣論の議論のすえ、政宗は北条と断交し秀吉に参候する途を決断した。出発予定の四月六日の前日、母保春院に毒を盛られたとして政宗が弟小次郎を殺すという一幕が「治家記録」に記されている。「治家記録」は保春院の兄最上義光が、秀吉の覚え目出たくない政宗を亡き者として弟小次郎を当主に立てることを保春院に教《きょう》唆《さ》したと述べるが、もとより証拠はない。逆に、置毒と詐称して弟を斬って家中を一本に結集しようとした政宗のひとり芝居とみる余地も十分にある。いずれにせよ、小次郎手斬のことが伊達家中の結集に作用したことは確かであろう。

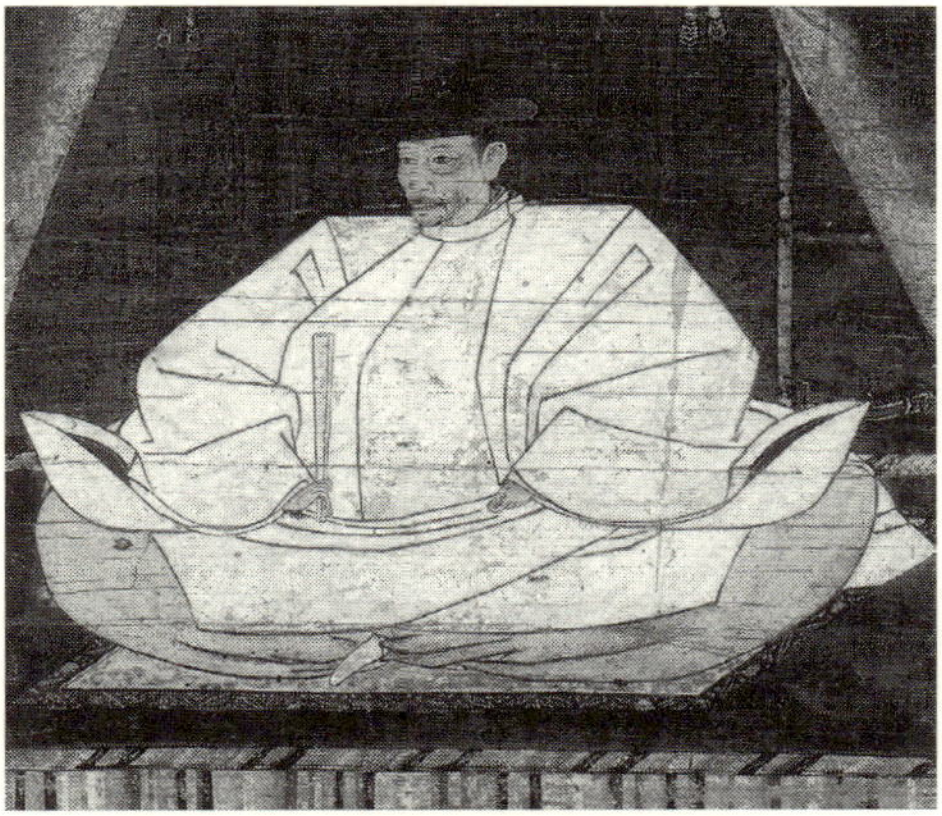
豊臣秀吉画像　佐賀県立名護屋城博物館蔵

その後、いったんは南会津から下野経由を企図したふしもあるが、最終的には五月九日、景綱以下一〇〇騎余りを

石垣山城から望む小田原城跡　神奈川県小田原市

従えて会津黒川を出発、米沢に立ち寄り、越後・信州・甲斐を経由して小田原を目指すこととなった。

六月五日、小田原到着。政宗よりも遅れた最上・南部《なんぶ》が到着後ただちに謁見を許されるのに反して、政宗は箱根底倉《そこくら》（神奈川県箱根町）に移され、浅《あさ》野《の》長吉《ながよし》ら問責使の会津返上命令に承服してのち、初めて九日に出仕を許された。この日、巳《み》の刻（午前十時）、政宗は家康に伴われて秀吉の陣所に出仕した。髪を一束に結い、白帷子《かたびら》を着しての参上と伝える。降服の作法である。会津召し上げをすでに承服していた以上、問題はなかった。米沢・伊達・信夫・塩松などが本領として安堵されたのである。翌日には茶の湯に招かれ、十四日には帰国を許される。

秀吉に対する政宗の危機は三度あった。小田原参候、翌十八年冬の大崎・葛西一揆扇動の嫌疑、文禄四年（一五九五）の関白秀次《ひでつぐ》〝謀叛〟連座の罪がそれである。これらのうち、政宗が最も緊迫感を懐いたのは、やはり初度の小田原参候であった。秀吉にとっても、未知の奥州の怪物独眼龍が参候したことで一息つく思いがあったに違いない。奥羽の服属はこれで決まった。北条もまた伊達参候に力を落とすであろう、と。

秀吉の満悦感は、出仕した政宗に伝わった。後年、彼は秀吉のことを父輝宗になぞらえて懐かしんでいる。その思いは、十日の茶の湯の席で極まった、と思われる。

九日、秀吉の陣所から宿舎に戻った政宗は、黒川城で留守の総指揮をとる成実に早速書状を書いた。原文を読み下す。

今日九日巳の刻に出仕候て、万々仕合せ共、能く候こと、是非に及ばず候、関白様直々、種々御入魂の義とも言句に絶し候、（中略）明十日に御茶の湯有るべきに候、明々後日は其の口へ御かへしあるべきに候（中略）此の状の写、方々へあい越さるべく候（中略）恐々謹言、追啓（中略）以上、

六月九日午刻政宗（花押）

五郎殿

陣所と宿舎との往復を考えれば、謁見は一時間ほどで終わったものとみてよい。

6　箭田野一族が叛乱、苦戦した大里城攻め

天正十八年（一五九〇）六月十四日に小田原を発ち、二十五日に会津黒川に帰着した伊達政宗にとって、当面の課題は会津返上の処置と相馬攻めであった。

会津返上のことは、七月初めに秀吉麾下の木村清久《きむらきよひさ》（吉清《よしきよ》）に黒川城を引き渡し、米沢に居城を戻した。さて、相馬攻めのことの起こりは、政宗の小田原行き不在の五月中旬、相馬勢が前年奪われた駒が嶺の奪回を計って出兵したが、逆に大敗して義胤の弟隆胤《たかたね》らが戦死した事件である。義胤はこのようななか、居城小高《おだか》（福島県南相馬市）に在って小田原行きが叶わなかった。小田原でこの報に接した政宗は、惣無事令に触れる行為として秀吉から相馬討伐の許可を取りつけた。帰国早々、政宗は七月中に相馬攻め出馬のことを家臣たちに指令していた。

ところが、政宗にはもう一つの問題がもち上がっていた。箭田野《やだの》一族の大里《おおさと》籠城による抵抗がそれである。元来、箭田野義正《よしまさ》は須賀川二階堂家の一、二の重臣で、政宗の二階堂攻めには須賀川に籠城して戦ったが、戦後政宗に服属し、本領三分の一を与えられた。だが、先祖以来の箭田野城を失ったのみならず破却され、黒川に詰める身となった。かねて義正と不仲だった保土原江南斎《こうなんさい》はいち早く内

通して政宗から本領と加恩を給されたが、そのなかに義正の本領の一部が含まれていた。政宗の小田原参候の一行に加えられた義正は、小田原に着くとまもなく逐電《ちくでん》して佐竹の陣所に駈け入った。同じころ、義正の弟善六郎《ぜんろくろう》は一族を率いて大里城（福島県天栄村）に立て籠もったのである。

政宗の指令が小田原から黒川留守番の成実に伝えられ、現須賀城主で岩瀬西方《にしかた》を支配する石川昭光が総指揮として大里攻めに向かった。伊達・信夫・刈田・柴田などの軍勢も参加した。しかし、城は容易に落ちなかった。

大里城跡　福島県天栄村

六月二十五日に帰国した政宗は、大里城は近日中に落城させて七月には相馬攻め、と考えていたが、その目算は外れた。伊達家中の白石宗実、二階堂旧臣の保土原・箭部・浜尾、さらに白川義親・田村宗顕までが攻撃に加わり、ついには宮城郡の秋保直盛《あきうなおもり》、堀江《ほりえ》長門《ながと》に動員がかけられた。伊達の総力を挙げての攻撃へと事態は変化した。

七月十九日、伊達勢力による総攻撃がかけられた。伊達方は「ておい《（手負）》、しにん《（死人）》、さひけん《（際限）》なく」と政宗が書状に述べる大被害を受けたが、大きな水濠を擁する大里城は落ちなかった。すでに小田原は開城され、十七日、秀吉は小田原を発ち会津に向かっていた。大里は白河から会津への道筋にあたる。

二十六日、秀吉は宇都宮に到着した。政宗は米沢から大里の陣地に至り、指令を下したのち二十八日、宇都宮に参上した。その数日後の八月二日、宇都宮からの帰途の政宗は、亘理重宗《しげむね》以下に対し、〝大里攻めは細事であるから軍勢を返し、奥郡、大崎・葛西の仕置に参加するように〟との浅野長吉らの意見に従うことにした旨を伝え、奥郡出馬の用意を命じた。

さて、伝えられる次の秀吉朱印禁制をみよう。

禁制　　奥州矢田安房守領内

一軍勢甲乙人等濫妨狼藉事

一放火事

一対地下人百姓、非分之儀申懸事

右条々堅令停止訖、若於違犯之輩者、速可被処厳科者也、

天正十八年七月　日（朱印）（秀吉）

矢田安房守すなわち箭田野義正の領内においての濫妨《らんぼう》（掠奪）・狼藉（乱暴）・放火、あるいは百姓に非分を行うことを禁止するこの制札は、義正の所領に対する安全を保障するものにほかならない。

この制札によれば、伊達軍の大里城攻撃は秀吉禁制に対する違反行為となる。この禁制は、佐竹の取り次ぎによって宇都宮で義正が下付されたものに違いない。浅野長吉らが政宗の大里攻めを制止したのはこのためであった。ただし、義正は秀吉に出仕せず、結局はこの所領を失うことになった。

一方、政宗の相馬攻めのことは、大里攻撃に引き続く奥郡への出動のなかで消えてしまったかにみえる。だが、その実は、小田原不参の相馬義胤が、その後宇都宮で出仕を果たして、秀吉から本領を安堵された。これによって、政宗の相馬攻めの名分は失われていたのである。

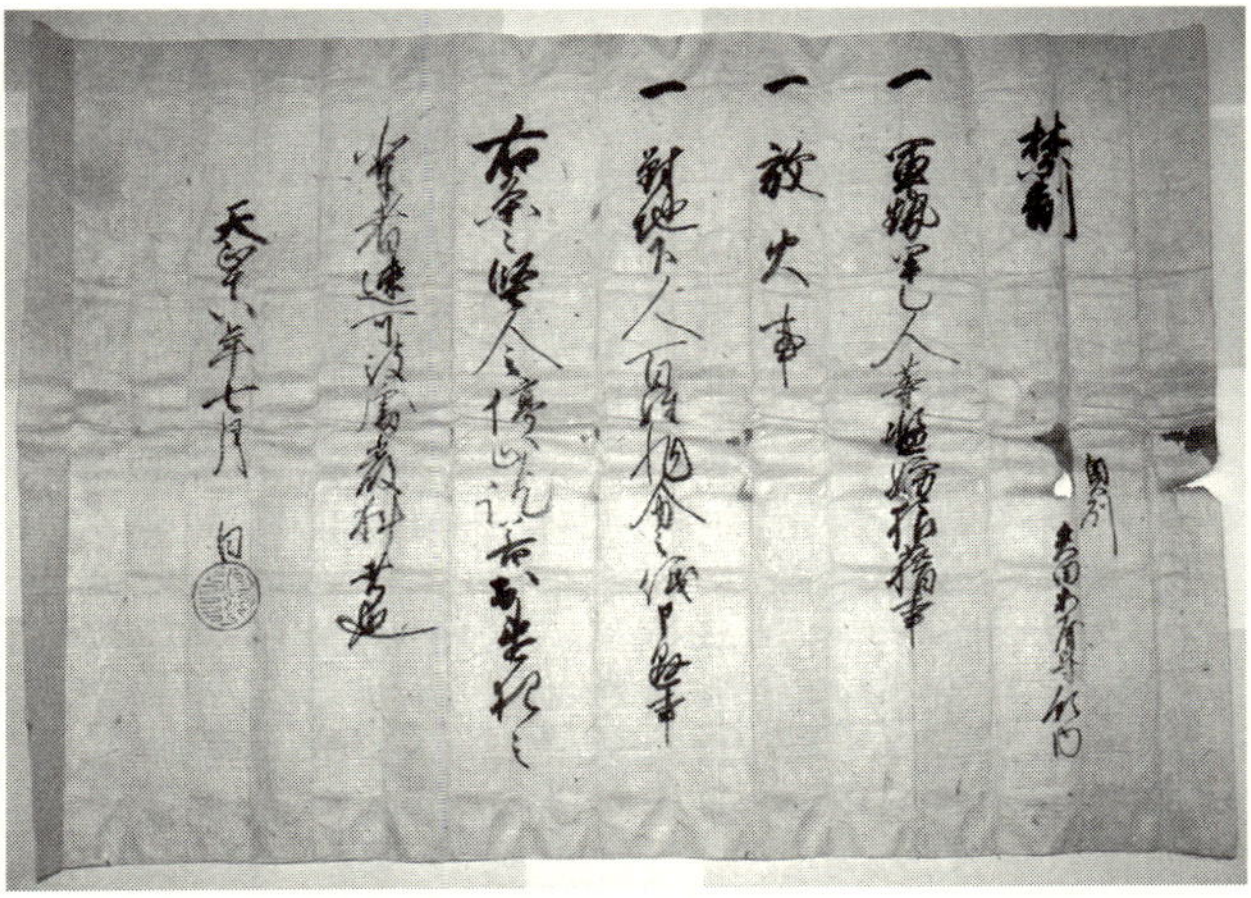

天正 18 年 7 月付け豊臣秀吉禁制　「箭田野家文書」　秋田県角館町・学法寺蔵　画像提供：仙北市文化財課

7 白川・石川・田村の所領召し上げに政宗が関与

小田原に参候した伊達政宗は、会津その他の諸郡を召し上げられ、塩松（東安達）・伊達・信夫・長井（置賜《おきたま》）ほかの本領を安堵（公認する）された。小田原不参の相馬義胤は宇都宮に参候し、石田三成の斡旋で辛くも本領安堵が叶った。岩城常隆は小田原で本領を安堵されたが、帰途、相模星谷（神奈川県座間市）で死去し、佐竹義重の三男能化丸（貞隆《さだたか》）が後嗣として相続を許された。

残る白川・石川・田村は、小田原・宇都宮いずれにも参候せず、所領召し上げとなるが、これには伊達政宗がからんでいた。その事情をみよう。

白川義親は天正十六年（一五八八）に上洛、秀吉に臣礼をとっていた。にもかかわらず、小田原・宇都宮不参により取りつぶされる。これについて「伊達治家記録」は、結城白川重代相伝の太刀の進上により出仕しようとした義親を政宗がとどめ、よき様に申しあげるといって太刀を預りながら、これを自分の太刀として進上したため、義親は太刀も所領も共に失う結果となったという説を掲げた上でこれを否定している。否定の根拠は、浅野長継《ながつぐ》書状に守家の太刀披露のことが明記されているというのである。八月二日付で政宗にあてたその浅野長継書状には「白河七郎殿より御馬進上」とあるが、刀については追而書《おってがき》に「仰せ置かれ候刀守家一腰（中略）別しての御機嫌に候つる」とあって、守家の太刀について政宗が長継に言付《ことづ》けをしたことが知られるのみでその所有者は明示されていない。

ほかに、同日付で「馬鹿毛駮《かげぶち》一疋到着、悦び思食《おぼしめ》され候」とある義親あての秀吉朱印状が遣わされた。二通の文書は、日付と内容から、天正十八年八月に宇都宮で出されたものとみられる。義親の馬と太刀のほぼ同時の進上に対して、馬だけの答書があって、より重要な太刀の答書が義親に出された形跡がないのによれば、「伊達治家記録」の否定した説のほうが正しい可能性が高くなる。

宇都宮城跡　宇都宮市

伊達政宗の署名・非公用花押　天正 17 年 8 月～ 19 年 10 月

義親あて秀吉朱印状には、「中途まであい越さると雖も、伊達《（政宗）》奥口へあい動《はたら》くにより罷《まか》り帰り候由《よし》」とも記されている。重代の太刀のことはさて置き、義親が政宗のために秀吉への参候を抑止されたことは認めざるをえないだろう。

石川昭光は、小田原に発つ政宗に

田村氏３代の墓　右から義顕・隆顕・清顕の墓が並ぶ　福島県三春町・福聚寺

馬一頭を託し、病のため遅参を秀吉に陳謝することを頼んだが、政宗はこれを実行しなかったと「石川一千年史」に記され、『角田市史』は政宗が昭光の小田原参候をとめたという説を紹介している。

昭光は大里城攻撃の総指揮に当たった（第五部６）。参陣が叶わぬほどの病気であれば、大里城攻めの指揮をとれるはずはない。『角田市史』の紹介する説が、総体として妥当であろう。

三春城主田村宗顕は、清顕のひとり娘愛姫と政宗との間に男子が生まれ田村家督となるまでの名代として三春城主にすえられたとはいえ、事実上の田村家督であった。しかし、小田原参候を勧める石田三成の書状に対して、宗顕は政宗の内意を得ねばならぬとして返答しなかった。宗顕は政宗の交渉に望みを託していたが、黒川での秀吉の裁決によって田村領は召し上げとなり、その後、片倉景綱に与えられた。景綱はかつて田村領を伊達方として安定させるために滞在・活躍した縁をもっていた。しかし景綱はこれを辞退し、結局は政宗に与えられた（翌十九年には蒲生領となる）。

この間、政宗は田村家中に対しては宗顕に田村領が安堵されるよう努力を約束しながら、秀吉方に対しては自分が清顕から名跡を譲られたと主張していた。

その後、訴えが不調に終わった宗顕は牛縊《うしくびり》定顕《さだあき》と改名し、政宗死後の寛永末年（～一六四四）、陽《よう》徳院《とくいん》（愛姫）の指示をうけた片倉重長《しげなが》に招かれて白石城西の蔵本村に住して清顕の遺骨をも安置し、正保《しょうほう》五年（一六四八）に死去した。

石川昭光は、天正十九年、政宗から志田郡松山城六〇〇〇石を与えられ、伊達一門の首席におかれた（子孫は角田《かくた》三万石）。白川義親は、会津・京都をめぐったのち慶長六年（一六〇一）に政宗に招かれて仕え、子孫は一門に列した。なお、白川（白河）・芦名（葦名）の両氏は、それぞれに分かれて佐竹と伊達の両家に家臣として併存することになる。岩城常隆の遺子政隆《まさたか》は、のちに伊達家臣となった。

8 秀吉の奥羽仕置により戦国時代が終幕を迎える

奥羽仕置というのは、天正十八年（一五九〇）から翌年にかけて強行された陸奥・出羽両国に対する豊臣体制の実施をさす。「仕置」とは、服属地に対する政治的措置をいう。会津まで出向いた秀吉をはじめ、十万に近い豊臣方の軍勢が奥羽の「仕置」に当たったのである。十八年・十九年ともに八・九月のころにこれが実施された。奥州に関わる十八年の担当奉行は浅野長吉（長政）・石田三成以下である。

会津黒川で秀吉が決定した知行割《ちぎょうわり》（領地配分）のうち南奥州関係は、会津地方および白河・石川・岩瀬・安積・二本松の諸郡が蒲生氏郷に与えられ、塩松（東安達）・伊達・信夫さらに田村が、長井（置賜）、刈田以北の黒川郡までの諸郡と共に米沢城主伊達政宗に安堵（公認）された。岩城・相馬両氏は本領を安堵された。南奥州の戦国群雄のうち、伊達・相馬・岩城の三氏だけが残り、蒲生がこれに加わった形である。

所領安堵の条件として、妻子の京都差し上げが行われた。秀吉への忠誠の証人、人質である。「仕置」の原則は、大略して次の三条項となる。1．大名領内の家臣の諸城を破却し、家臣妻子を大名城下に集住させる、2. 百姓に対する刀狩《かたながり》・武具狩、3. 検地を行って大名直轄地を増強し、京都参勤の財用を確保する。一見して、在地領主制を解体し、かつ百姓土豪一揆を未然に防止して大名領主制を確立・安定させ、総体として豊臣のもとへの求心・従属化を図るものであることが明らかである。

なお、伊達政宗は仕置の補佐・案内を勤めたので領内を自己責任で仕置する自分仕置を許されたから、十八年に南奥州で豊臣仕置の手が入ったのは、蒲生・相馬・岩城、三氏の領内である。

1の城破却は、蒲生領では本城黒川（のち若松）はじめ白河・須賀川・阿子島・大槻・塩川・南山（南会津郡）・伊南（同）・津川を残して、その他が破却された。伊達領の南奥州分では三春・塩松・百《どう》目《め》木《き》（二本松市）・大森の諸城が残されたとみられる。岩城領・相馬領は、居城の平大館城・小高城のほかにどの程度の城が残されたか明らかでない。

2の刀狩は例証がみられないが、田島祇園祭が伊達政宗のとき以来、「長器」（大刀か）を禁止されたという伝えは、天正十八年、この地方に刀狩

豊臣秀吉の花押と印判

	会津検地条目	相馬領検地目録帳
上田	200 文	1 石
中田	180 文	9 斗
下田	150 文	7.5 斗
上畑	100 文	5 斗
中畑	80 文	4 斗
下畑	50 文	2.5 斗

天正 18 年検地と斗代

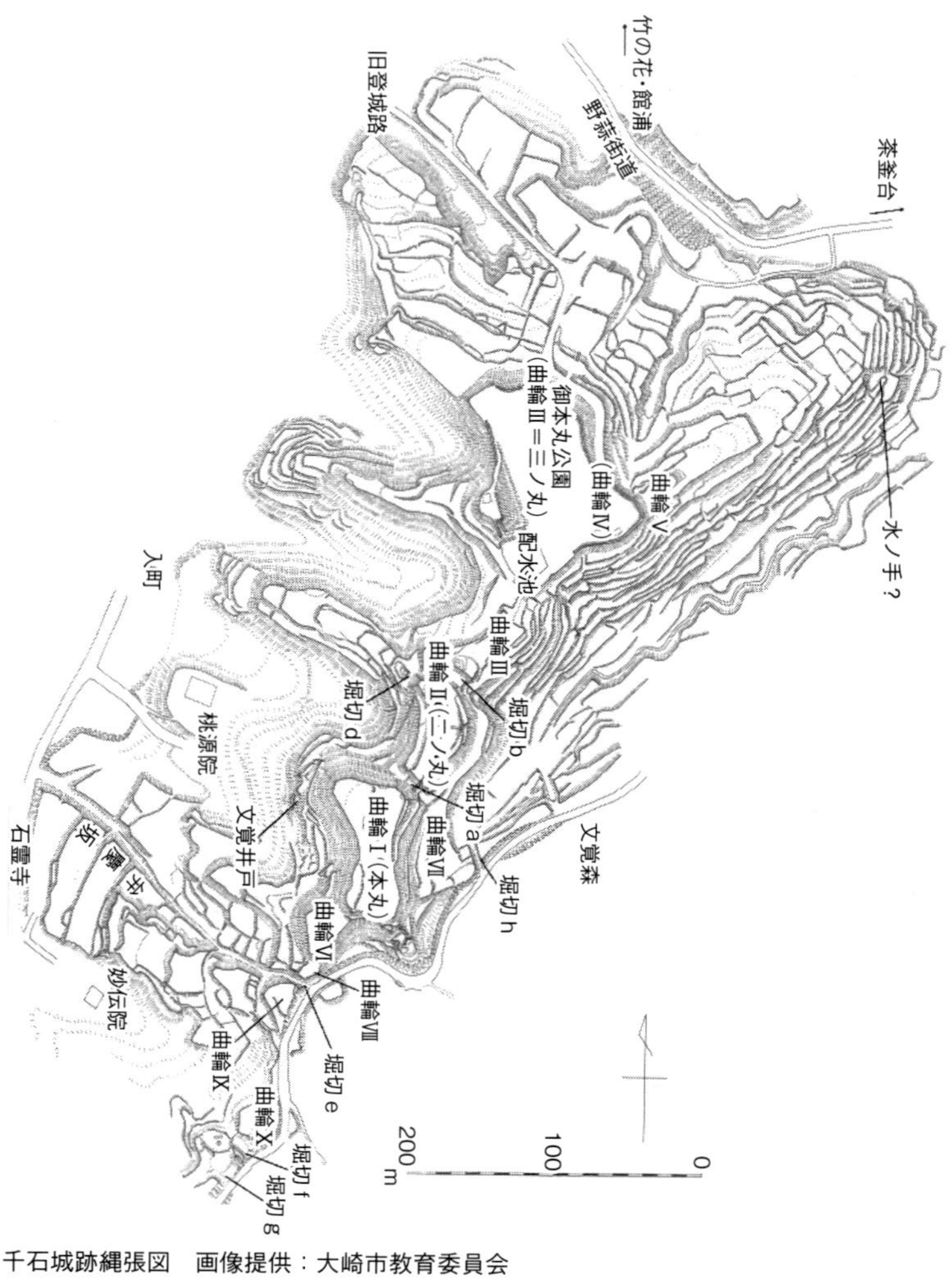

千石城跡縄張図　画像提供：大崎市教育委員会

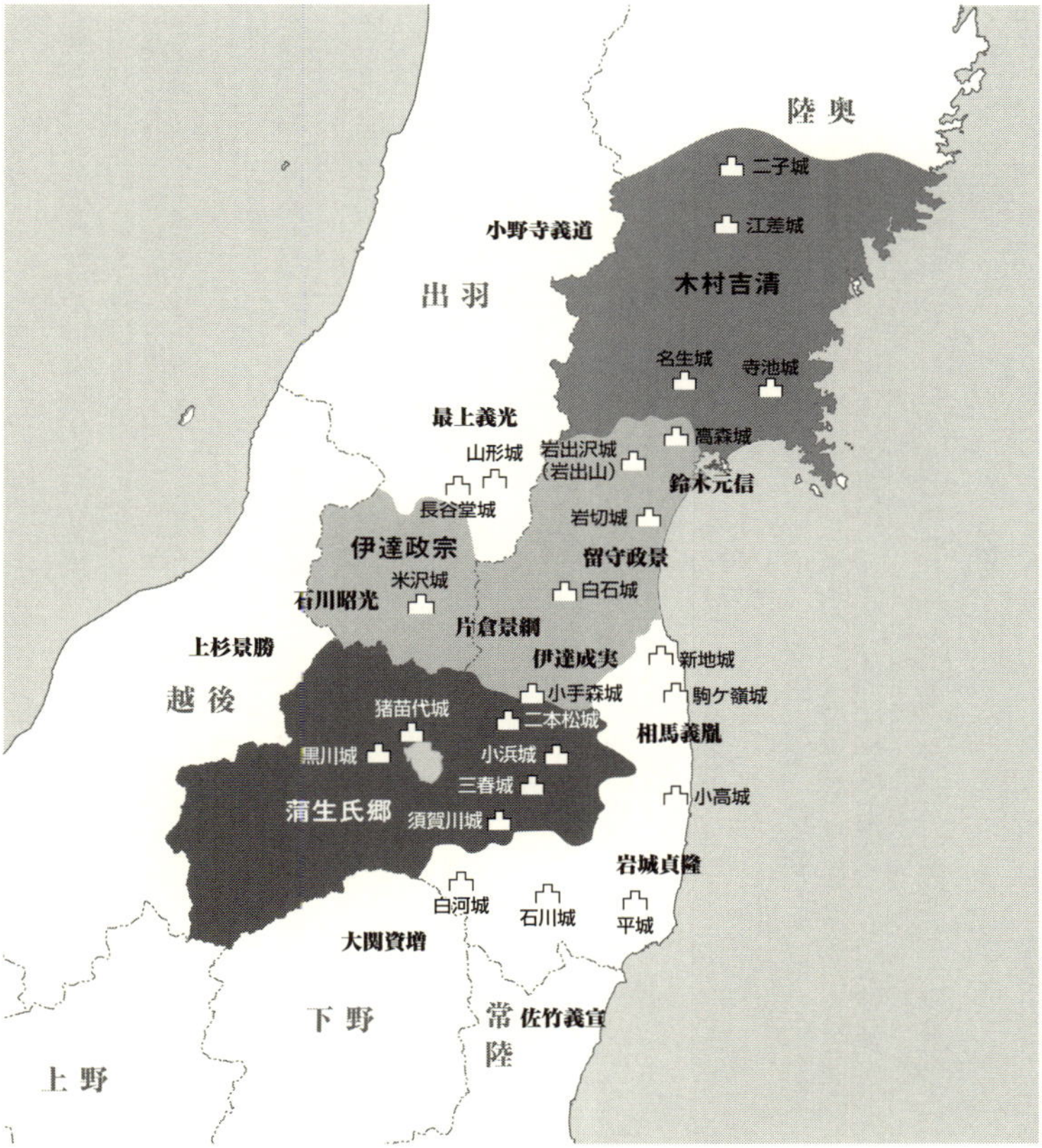

図2　天正18年段階の奥羽勢力図　『図説 豊臣秀吉』より転載

が実施されたことを推測させる。

3の南奥州の十八年検地は、伊達領以外の各領で行われた。検地の基本を定めた「会津検地条目」によれば、斗代《とだい》すなわち反別《たんべつ》の標準年貢高は表の通りである。検地条目は永楽《えいらく》銭《せん》の貫高《かんだか》であるが、相馬領の検地目録帳では石高《こくだか》が採用され、一石が永楽銭二〇〇文の割合となる。現存する南会津の田島郷の検地帳は条目に則して貫高制が採用されている。いずれにせよ、とりまとめ段階では石高で表示されたのである。

田島郷の検地帳に登録された百姓には、帰農した元武士らしき者もみえる。十八年検地は、とりわけ厳しく打ち出し（出目分）をねらったり、小作関係を否定したりするものではなかった。奥羽の田畑が三〇〇歩一反制によって石高で把握されたことに意義がある。ひと月半ばかりで本格的な測量検地はとうてい不可能であった。

しかし、田島近辺では焼畑に検地を入れようとした検地役人と土豪・百姓との間で闘争が起き、百数十人の死者が出、六十人が処刑された。天正十九年と伝えられるが、実は十八年の事件であろう。

この年十二月には、南奥州の大名では相馬義胤が四万八七〇〇石の領知朱印状を聚楽第《じゅらくてい》で交付されている。

ところで、木村吉清が与えられた旧大崎・葛西領（宮城県北・岩手県南）で十八年仕置直後に起きた反対一揆は年を越し、伊達政宗により夏のころ圧服され、十九年春に南部領に蜂起した九戸《くのへ》政実《まさざね》の一揆は、徳川家康・豊臣秀次麾下と蒲生氏郷らの大軍により九月初めに圧服された。

一方、十八年検地が行われなかった伊達領にこの十九年秋に豊臣検地が実施され、田村郡そしておそらく伊達・信夫などの諸郡が対象となった。これがほぼ終わる九月下旬、政宗は南奥州諸郡と出羽

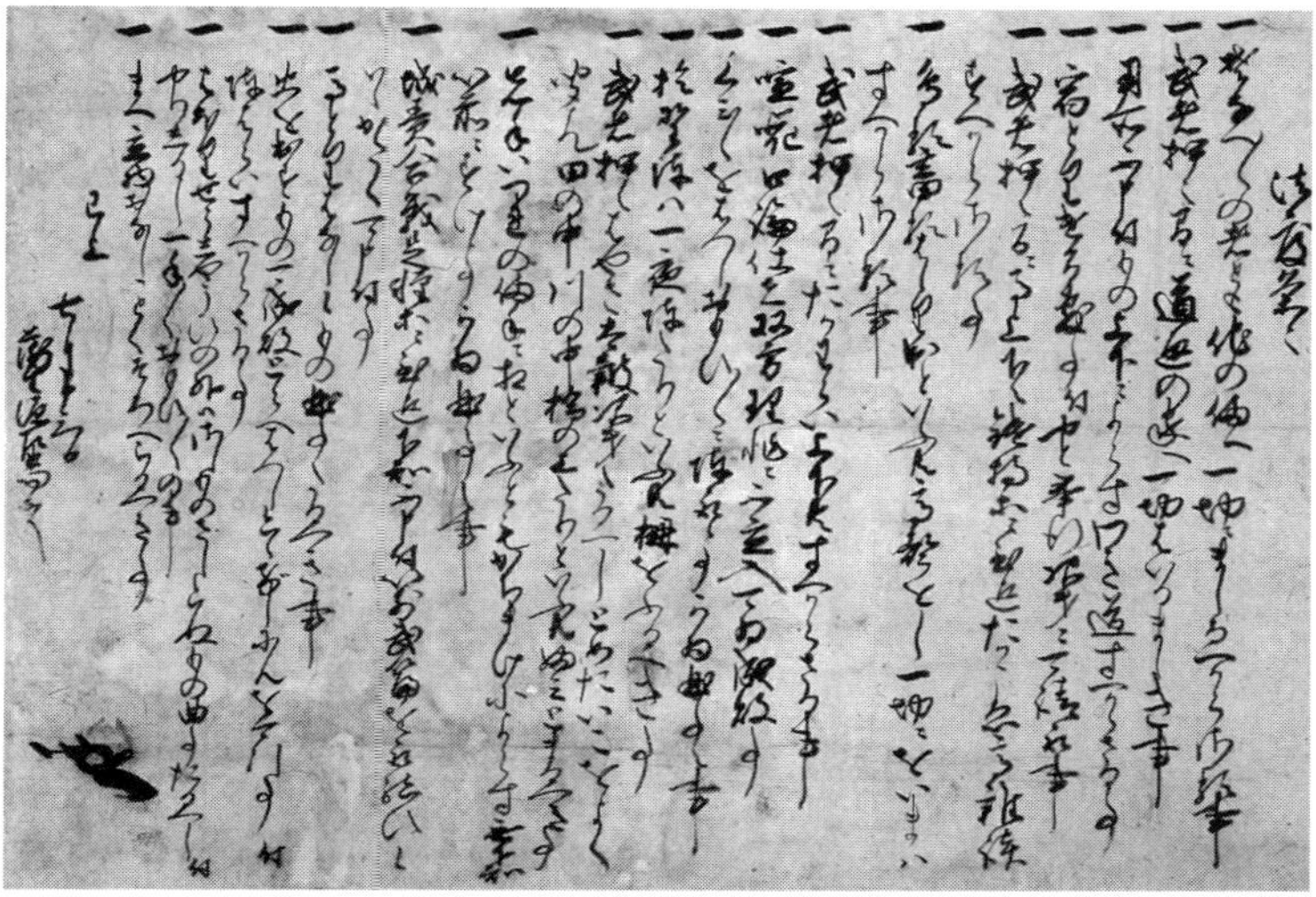

（天正 19 年）7 月 13 日付け蒲生氏郷法度条目　福島県立博物館蔵

長井を召し上げられ、木村失脚後の旧大崎・葛西領を与えられて玉造郡岩出山城に移った。南奥州の旧伊達領は刈田郡を含めて蒲生領に編入される。こうして奥羽仕置は終了する。ちなみに、失脚した木村吉清は蒲生氏郷の客将として文禄のころ一時福島城主となる。杉目（杉妻）の名が福島と改められ、県名のもとづく「福島」の地名が生まれるのはこのときのことである。

奥羽仕置の終了は奥羽戦国、そして奥羽中世の終幕であり、さらに日本中世の終幕でもあった。郷村を基盤とする中世以来の在地領主制は諸城の破却と検地とによって解体して、城下都市を中心とする強力な大名領主制が成立し、これが京都、のちには江戸へと求心的に権力を集中させた。集中的封建制の成立によって、群雄割拠の封建制としての戦国時代は終わりをつげる。

こののち、関ヶ原合戦後には岩城氏が所領を没収され、のち秋田地方に移り（亀田《かめだ》二万石）、中世以来の武家はひとり相馬氏を残して南奥州から姿を消す。

あとがき

中世は、〈貴族—侍—凡下《ぼんげ》（庶民）—下人《げにん》（奴隷）〉という身分構成の社会であった。戦国期には荘園が解体して公家貴族の地位は事実上否定される傾向が現れ、近世は大きく〈侍—庶民（農・工・商）〉の身分階級構成の社会へと変わった。「貞永式目」（第四十一条）も「塵芥集」（第一四三条）も、主人の異なる下人の男女の間に生まれた子は、男児は父親の主人に、女児は母親の主人に属させると規定していた。下人は、家族構成を認められず、生んだ子は主人の所有とされる、牛馬と同じ動産であった。戦国の合戦では、非戦闘員などを対象とする人取りが行われて、奴隷として売買された（藤木久志『雑兵たちの戦場』朝日新聞社、一九九五年）。この下人＝奴隷は近世には禁止・解消されて、年季奉《ねんきほう》公人《こうにん》がこれにかわる。近世は奴隷を否定克服した体制という点でも、中世また戦国期から大きく変わったのである。

ところで、会津では戦国末のころにも坂下枡《ばんげます》・慶徳枡《けいとくます》などとよばれる枡がそれぞれの地域で用いられていた。戦国大名芦名氏の統一支配にもかかわらず、各地域では米・麦などの計量にそれぞれ固有の枡を用い続けていたのである。秀吉の奥羽仕置による京枡《きょうます》への統一という原則も、地域の習慣を直ちに変えることは困難だったと推測される。

天正十七年には会津を手に入れた伊達政宗は、耶麻郡新井田村（喜多方市）の土豪田那辺《たなべ》五郎左衛門尉にその由緒《ゆいしょ》（地主権）を安堵した上で、戦さには鉄砲を持って参加するように命じた。『新編会津風土記』によれば、五郎左衛門尉の先祖は鎌倉初期の建仁《けんにん》三年（一二〇三）に来住して館を構え、新井田村を開いたと伝える。その子孫は江戸時代には新井田村の肝煎《きもいり》をつとめた。

奥羽仕置で解体させられた在地領主制は、村落をこえる武士領主層のそれであり、村落に密着した土豪は、中世以来の地位を保って近世に至ったものが少なくない。村落の中心をなすこのような旧家は、第二次世界大戦後の農地改革、あるいは高度経済成長期まで持続することも珍しくなかったとみられる。その意味では、日本中世とりわけ戦国の地域社会は近世・近代を超えて、つい五十年前まで持続する傾向もあったという見方が許されるだろう。

計五部三十七章で「戦国の南奥州」を色々な側面から考えようとしたこの本は、戦国期の特徴に力点を注いだために、右にふれたような歴史の連続の側面にふれる余裕がなかった。一章四ページの短章だてを試みたが、そのために、自立と地方の世紀という戦国時代の基調を十分に貫き通せなかったかとも思う。政略結婚などにふれながら、人質を論ぜずに終わった。反省の辞をもって結びとする。

おわりに、図版写真の提供・許可を戴いた方がたにお礼を申しあげる。編集の金森由香里さん・渡部美香さんにも感謝の意を表したい。

二〇〇二年十二月十四日

【参考文献一覧】

第一部

一『白河市史』５（中世資料）

二大石直正「戦国伊達氏の花押について――伊達稙宗を中心に」（『東北学院大学東北文化研究所紀要』二〇、一九八八年）

『米沢市史』通史古代中世第四章一節（小林稿）

小林「坂東屋道有と奥州大名」（『福大史学』四〇・四四、一九八五年・一九八七年）

三『米沢市史』通史古代中世第四章一（小林稿）

四高橋充「葦名盛氏の「止々斎」号」（『福島県立博物館紀要』九、一九九五年）

小林「芦名盛氏と向羽黒山城」（『解説向羽黒山城（岩崎城）跡』向羽黒山城跡検証事業実行委員会、二〇〇〇年）

五『いわき市史』１中世第三章三（小林稿）

小林「相馬藩の戎立一（『相馬郷土』一、相馬市教育委員会、一九八二年）

六小林「戦国期の石川氏」（『石川史談』五、一九九一年）

七『二本松市史』１第三編第四章一（小林稿）

八『白河市史』５（中世資料）

第二部

一『福島市史』1第三編第三章二（小林稿）

二小林宏『伊達家塵芥集の研究』（創文社、一九七〇年）

佐藤進一ほか『日本思想大系・中世政治社会思想』上（塵芥集補註〈勝俣鎮夫稿〉、岩波書店、一九七二年）

三同右、塵芥集補註（勝俣鎮夫稿）

四『米沢市史』通史古代中世第四章一節（小林稿）

五小林「大名権力の形成」（小林清治・大石直正編『中世奥羽の世界』東京大学出版会、一九七八年）

六『白河市史』5

今泉徹「「白河結城氏年中行事」の基礎的考察」（『国学院大学大学院研究紀要』二七、一九九六年）

七『米沢市史』原始古代中世編第四章一節（小林稿）

第三部

一小林「封建領主の「町」支配の権原」（『日本歴史』二八四、一九七二年）

二『霊山町史』1第四編第三章五（小林稿）

三『福島県史』7金石文

四「新編会津風土記」巻五十五・九十一

『本宮町史』6

『福島県農業史』1第二章（小林稿）

五『会津若松史』8
『喜多方市史』1第三編五章三節（佐藤健郎稿）「新編会津風土記」巻九十五
『西会津町史』6下第三章七節
藤木久志『豊臣平和令と戦国社会』（東京大学出版会、一九八五年、第二章）
六小林「戦国期伊達領国の交通について」（『福大史学』三七、一九八四年）
綿貫友子「中世陸奥国南域の海運拠点について」（『国史談話会雑誌』四三、二〇〇二年）
七是沢恭三『会津塔寺八幡宮長帳』吉川弘文館
大石直正「中世の門前町、会津塔寺」（小林還暦記念『福島地方史の研究』名著出版社、一九八五年）
『福島県史』1第三編第三章二節（大石直正稿）

第四部

一小林「結城白川氏と八槻別当」（小林編『福島の研究』2、清文堂、一九八六年）
二小林「戦国期南奥の武士と芸能」（小林編『中世南奥の地域権力と社会』岩田書院、二〇〇一年）
三同右
『桑折町史』1第三編第四章四（高橋健一稿）
川延安直『ふくしま近世の画人たち』（歴史春秋社歴春ふくしま文庫、二〇〇二年）
四前掲、小林「戦国期南奥の武士と芸能」
五『喜多方市史』1第三編第五章三（佐藤健郎稿）、『喜多方市史』4

『いわき市史』1中世資料補遺

『霊山町史』2

六小林「戦国期の田村氏と三春」(『三春歴史民俗資料館展示図録三春城と城下町』、一九九八年)

七小林「伊達晴宗夫人と娘たち」(『歴史と人物』中央公論社、一九八二年七月)

第五部

一小林「伊達政宗誕生伝説考」(『仙台郷土研究』一八の四、一九五八年)

山田勝芳「伊達政宗の「独眼龍」」(東北大学『国際文化研究』創刊号、一九九四年)

小林「伊達政宗の判物と印判状」(『東北学院大学論集・歴史学地理学』三八、一九九六年)

二『二本松市史』1第三編第四章一(小林稿)

『郡山市史』1第四編第三章三節(高橋健一稿)

『三春町史』1第四編第四章二節(小林稿)

三『会津若松史』1第四章三、同2第一章一(小林稿)

四『仙台市史資料編10伊達政宗文書1』

小林「伊達政宗の書札礼」(『古文書研究』四一・四二合併号、一九九五年)

小林「伊達政宗と自筆書状」(『東北学院大学東北文化研究所紀要』二七、一九九五年)

五『米沢市史』原始古代中世編第四章五節(小林稿)

六小林「奥羽仕置と領土処分」(『福島県歴史資料館研究紀要』一八、一九九六年)

七小林「結城宗広が遺したもの」(白河市歴史民俗資料館『結城宗廣公と中世の白河展』、一九八七年)
前掲小林「奥羽仕置と領土処分」
小林「奥羽仕置と田村領の帰属」(『福大史学』五〇、一九九〇年)
八小林「「奥羽仕置」と豊臣権力」(『織豊期研究』二、二〇〇〇年)

全体にわたる参考文献

『福島県史』1第三編中世、同7第二編(文書)

戦国時代の南奥州略年表

編集部

西暦	年号	事項
一四八八	長享二	この年、伊達稙宗が尚宗の子として生まれる。
一四九〇	延徳二	この年、芦名盛舜が盛高の子として生まれる。
一五一〇	永正七	この年、白川政朝、一族小峰氏との抗争に敗れ失脚する。
一五一一	永正八	この頃、伊達稙宗が父尚宗から家督を譲られ伊達家当主となる。
一五一四	永正十一	二月、伊達稙宗が出羽国山形の最上義定と戦い勝利する（以後、たびたび稙宗は最上領へ出兵）。
一五一七	永正十四	十二月、芦名盛高が死去し、盛滋が家督を継ぐ。
一五一九	永正十六	この年、伊達晴宗が稙宗の子として生まれる。
一五二〇	永正十七	この年、最上義定が嗣子なきまま死去。伊達稙宗の影響力増加を嫌った最上氏家臣が反旗を翻し、伊達氏と最上氏が対立。
一五二一	大永元	二月、芦名盛滋が死去し、盛舜が家督を継ぐ。この年、芦名盛氏が盛舜の子として生まれる。
一五二二	大永二	十二月、伊達稙宗が史上初の陸奥国守護職に補任される（稙宗のもとに報されたのは翌年閏三月）。
一五二八	大永八	この年、芦名氏から援軍を得た伊達稙宗が葛西領へ攻め込み勝利。
一五二九	享禄二	この年、相馬盛胤が顕胤の子として生まれる。
一五三二	天文元	この年、伊達稙宗、本拠を梁川城から桑折西山城に移す。
一五三三	天文二	三月、伊達稙宗が「蔵方之掟」を作成。
一五三四	天文三	この年、岩城氏・白川氏と伊達氏・芦名氏・二階堂氏・石川氏の合戦が起こる。
一五三五	天文四	三月、伊達稙宗が「棟役日記」を作成。
一五三六	天文五	四月、伊達稙宗により分国法「塵芥集」が制定される。この年、伊達稙宗が大崎義直の要請により大崎氏の内乱鎮圧のため出兵。二男義宣を大崎氏に入嗣させる。
一五三七	天文六	この年、芦名盛氏、伊達稙宗の娘を正室に迎える。また、父盛舜から家督を譲られる。
一五三八	天文七	三月、芦名氏の本拠黒川で大火。九月、伊達稙宗が「段銭古帳」を作成。
一五四一	天文十	この年、白川義親が生まれる。
一五四二	天文十一	六月、伊達晴宗が父稙宗を桑折西山城に幽閉。程なくして稙宗は小梁川宗朝に救出される。これを機に、伊達氏天文の乱が始まる。

一五四四	天文十三	九月、伊達輝宗が晴宗の子として生まれる。
一五四七	天文十六	この年、伊達晴宗が芦名氏とともに出羽国長井に出兵。
一五四八	天文十七	八月、岩城重隆の仲介で白川晴綱と江戸忠通が同盟を結ぶ。九月、伊達晴宗方の勝利で伊達氏天文の乱が終結する。晴宗が伊達氏家督を継ぎ、稙宗は丸森城で隠居。この頃、晴宗が居城を出羽国米沢に移す。この年、相馬義胤が盛胤の子として生まれる。
一五四九	天文十八	この年、相馬盛胤が家督を相続する。
一五五〇	天文十九	三月、石川昭光が伊達晴宗の子として生まれる。この年、芦名盛氏が安積郡に侵攻し田村隆顕と交戦。
一五五一	天文二十	七月、畠山尚国と白川晴綱の仲介により芦名氏と田村氏が講和を結ぶ。
一五五三	天文二十二	一月、伊達晴宗が「晴宗公采地下賜録」を作成。八月、芦名盛舜が死去。
一五五五	天文二十四	この頃、伊達晴宗、奥州探題職に補任される。
一五六〇	永禄三	この頃、葛西晴信が生まれる。
一五六一	永禄四	この年、岩城親隆が二階堂盛義の子として生まれる。この年、芦名盛氏が向羽黒山城の築城を開始。
一五六二	永禄五	八月、相馬義胤が常陸太田城を攻め、義胤と佐竹義昭が和睦を結ぶ。
一五六三	永禄六	この頃、芦名盛氏、家督を子息盛興に譲って隠居し、向井羽黒山城に移る。この頃、芦名盛氏が北条氏康と同盟を結ぶ。盛氏、二階堂盛義と対立し岩瀬郡に出兵。
一五六四	永禄七	この年、岩瀬郡長沼城をめぐって芦名盛氏と二階堂盛義が対立。伊達輝宗は盛義支援を口実に芦名氏の会津口に出兵。芦名盛氏が抗争に勝利し、長沼を領有する。
一五六五	永禄八	六月、伊達稙宗が死去。小梁川宗朝が殉死。この年、伊達晴宗が輝宗に家督を譲り、杉目城に隠居する。八月、芦名盛氏・盛興父子が岩瀬郡に出陣。
一五六六	永禄九	正月、芦名盛氏、伊達輝宗と講和し、輝宗の妹が芦名盛興に嫁ぐ。二階堂盛義が芦名盛氏に降伏し、嫡男盛隆を人質として芦名氏に提出。五月、相馬盛胤が伊達氏の伊具郡を攻める。この年、盛胤が伊達方の金山城を攻略。
一五六七	永禄十	五月、芦名氏の侵攻により石川晴光が本拠石川城から退去。八月、伊達政宗が輝宗の子として生まれる。この年、岩城常隆が生まれる。
一五六八	永禄十一	四月、相馬盛胤が伊達郡に侵攻し伊達方と交戦。この年、石川領大半を芦名氏が掌握。
一五六九	永禄十二	この年、岩城重隆が死去し、親隆が家督を継承する。この年、芦名盛氏・盛興父子が長沼氏の本拠・南山城を攻撃。

一五七〇	元亀元	四月、相馬盛胤・義胤が伊達方の丸森城を攻略。この年、中野宗時・牧野宗仲父子らが伊達輝宗に対し謀反を起こす。中野父子は相馬氏のもとに逃れる。
一五七一	元亀二	この年、相馬盛胤が伊達領の信夫郡に侵攻し、亘理元宗に撃退される。この年から翌年にかけ、芦名氏と佐竹氏が交戦。田村清顕が佐竹方に転じる。
一五七四	天正二	初頭、白川膳七郎が白川義親に反旗を翻す。五月、伊達輝宗率いる伊達軍が最上義光を攻める。六月、芦名盛興が死去。子がなかったため二階堂盛隆に盛興の妻を娶らせ家督を継がせる。九月、田村隆顕が死去する。この年、佐竹義重・田村清顕が白川氏の拠点赤館城を攻略。
一五七五	天正三	この年、佐竹氏との対立により白川義親が本拠・白河城から逐われる。
一五七六	天正四	四月、相馬義胤が亘理氏の本拠小堤城を攻める。五月、相馬盛胤が伊達・信夫郡に出陣して伊達方と交戦。八月、伊達輝宗が相馬氏を攻める。
一五七七	天正五	五月、伊達輝宗が相馬領の宇多郡に侵攻し杉目城を攻略。七月、白川義親・芦名盛氏・田村清顕が協力して佐竹方から白河城を奪還。十二月、伊達晴宗が死去。
一五七八	天正六	八月、白川義親と佐竹義重が和睦。佐竹義重の次男が白川氏の「名跡」を継承することになり、白川氏は佐竹氏に従属。芦名盛氏、上杉謙信没後の混乱（御館の乱）に乗じて越後に出兵する。冬、伊達政宗、田村清顕の娘愛姫を正室に迎える。この年、岩城常隆が家督を継承する。この年、相馬盛胤が隠居し義胤が家督を継ぐ。
一五七九	天正七	七月までに芦名盛氏と佐竹義重が和睦を結ぶ。
一五八〇	天正八	六月、芦名盛氏が死去。この年、芦名盛隆・二階堂盛義が田村領を攻める。
一五八一	天正九	四月、佐竹・芦名・二階堂・岩城氏と田村氏との合戦が佐竹方の勝利で和睦。五月、伊達政宗、父輝宗に従い相馬氏と戦う（初陣）。
一五八二	天正十	三月、芦名盛隆・白川義親・佐竹義重が田村領を攻める。五月、田村氏と芦名・二階堂氏の間で和睦が成立。七月、二階堂氏が和睦を破り田村領を攻める。
一五八三	天正十一	この年、伊達輝宗・政宗が相馬氏の金山・丸森を攻める。
一五八四	天正十二	四月、岩城常隆が芦名盛隆とともに田村氏を攻める。五月、田村・岩城・佐竹氏の仲介により伊達氏と相馬氏が和睦を結ぶ。十月、伊達政宗が父輝宗より家督を譲られる。十月、芦名盛隆が不慮の死を遂げ、亀若丸が家督を継承。

戦国時代の南奥州略年表

一五八五	天正十三	四月、大内定綱が伊達政宗に背き芦名氏を頼る。政宗は田村清顕とともに大内定綱の本拠小浜城を攻略。五月、政宗が芦名氏を攻め、耶麻郡檜原を奪取する。十月、二本松城主畠山義継が伊達政宗に降伏するも、政宗の父輝宗が義継に捕らわれて死去。十一月、伊達政宗、人取橋にて佐竹・芦名の連合軍と戦い勝利。
一五八六	天正十四	七月、伊達政宗、畠山氏を攻め二本松城を接収。十月、田村清顕が死去する。十一月、芦名亀若丸が死去する。
一五八七	天正十五	三月、佐竹義重の次男義広が芦名家の家督を継ぐ。十二月、伊達氏に従属していた黒川晴氏が伊達氏から離反し、大崎義隆に味方する。
一五八八	天正十六	二月、伊達勢が大崎領に侵攻するも敗れる。三月、伊達政宗が最上義光と戦い始め、大崎・伊達・最上三氏を巻き込んだ戦乱に発展する。閏五月、伊達氏と相馬氏が合戦し、伊達氏が勝利。七月、伊達政宗の母保春院の仲裁により、政宗と大崎義隆との和議が成立。七月、佐竹氏・相馬氏連合軍と伊達氏の間で合戦が起き、岩城常隆と石川昭光の仲裁で和睦。
一五八九	天正十七	四月、大崎義隆が伊達政宗に従属する。四月、相馬勢が岩城領と田村領の境目に侵攻。五月、伊達政宗が相馬方の駒ヶ嶺城と蓑首城を落とす。六月、伊達政宗、摺上原において佐竹・芦名の連合軍を破り、黒川城に入る。七月、豊臣秀吉、伊達政宗討伐を上杉景勝・佐竹義重に命じる。政宗、白川義親と同盟を結ぶ。十月、伊達政宗が須賀川城を攻略し、二階堂氏が滅亡する。十一月、石川氏と白川氏が伊達政宗の軍門に降る。同月、岩城常隆が伊達政宗と講和を結ぶ。
一五九〇	天正十八	二月、豊臣秀吉から伊達政宗のもとに小田原参陣勧告書が届く。三月、相馬勢が駒ヶ嶺城奪還のため侵攻するも大敗し、相馬義胤の弟隆胤らが討ち死に。四月、豊臣秀吉、北条氏攻めのため小田原城を包囲。六月、伊達政宗、豊臣秀吉に謁し謝罪するも、会津・安積・岩瀬を没収される。八月、豊臣秀吉が黒川城に入り、奥羽仕置の指令を出す。同月、蒲生氏郷、黒川城を領す。大崎・葛西領は木村吉清に与えられる。十月、葛西・大崎一揆が勃発する。
一五九一	天正十九	二月、伊達政宗、長井・信夫・伊達・田村・刈田・安達郡を没収され、代わりに葛西・大崎の地を豊臣秀吉から与えられる。六月、豊臣秀吉、新たに勃発した九戸一揆と葛西・大崎一揆平定のための奥羽再仕置軍の発遣を決定する。八月、葛西・大崎一揆が終結する。九月、伊達政宗が岩出山城に移る。

【著者紹介】

小林清治（こばやし・せいじ）

1924 年生まれ。

東北大学法文学部（国史専攻）卒業。

福島大学教授、東北学院大学教授を歴任。

2007 年に逝去。

主な著書に、『伊達政宗』（吉川弘文館、1959 年）、『伊達騒動と原田甲斐』（徳間書店、1970 年、吉川弘文館から 2015 年に再刊）、『秀吉権力の形成』（東京大学出版会、1994 年）、『奥羽仕置と豊臣政権』（吉川弘文館、2003 年）、『奥羽仕置の構造』（吉川弘文館、2003 年）、『戦国大名伊達氏の研究』（高志書院、2008 年）、『伊達政宗の研究』（吉川弘文館、2008 年）、など多数。

装丁：山添創平

南奥州《みなみおうしゅう》の戦国時代《せんごくじだい》
——伊達《だて》・芦名《あしな》・白川《しらかわ》・相馬氏《そうまし》の激闘《げきとう》と領国支配《りょうごくしはい》

二〇二五年一月十日　初版初刷発行

著　者　小林清治
発行者　伊藤光祥
発行所　戎光祥出版株式会社
東京都千代田区麹町一―七
相互半蔵門ビル八階
電　話　〇三・五二七五・三三六一㈹
FAX　〇三・五二七五・三三六五
編集協力　株式会社イズシエ・コーポレーション
印刷・製本　モリモト印刷株式会社

https://www.ebisukosyo.co.jp
info@ebisukosyo.co.jp

ISBN978-4-86403-559-0